ALBUM

PEUGEOT FRÈRES

Les Fils de PEUGEOT FRÈRES

SUCCESSEURS

A

VALENTIGNEY (Doubs)

DÉPÔT A PARIS

Rue Béranger, 2

ALBUM

PEUGEOT FRÈRES

Les Fils de PEUGEOT FRÈRES

SUCCESSEURS

A

VALENTIGNEY (Doubs)

DÉPÔT A PARIS

Rue Béranger, 2

SCIES,

LAMES POUR MACHINES

ET

ARTICLES LAMINÉS

— —

OBSERVATION

Nous avons supprimé les anciennes dénominations Acier fondu, trempé et Demi-trempé qui n'ont plus de raison d'être, toutes nos scies étant en acier fondu, trempées et ne variant entre elles que par la qualité de l'acier et les soins apportés à leur fabrication.

Nous désignons ainsi :

La première qualité   au Lion  marquée anciennement Acier Fondu

La seconde qualité   au Croissant .... Trempé

La troisième qualité   à la Main  .... Demi-Trempé

et la qualité inférieure   à l'Etoile P✻F

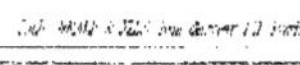

LES FILS DE PEUGEOT FRÈRES

GRANDES SCIES

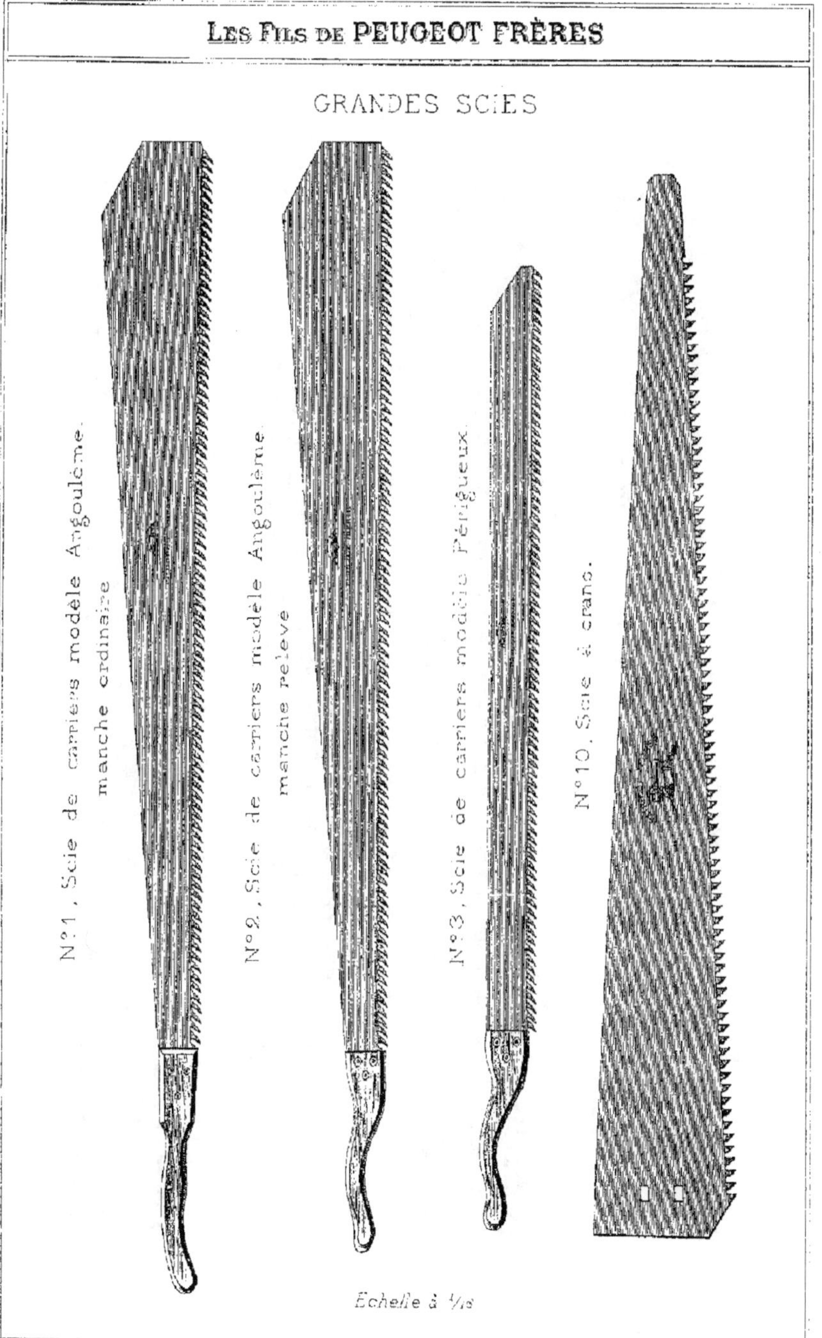

LES FILS DE PEUGEOT FRÈRES

SCIES A EAU

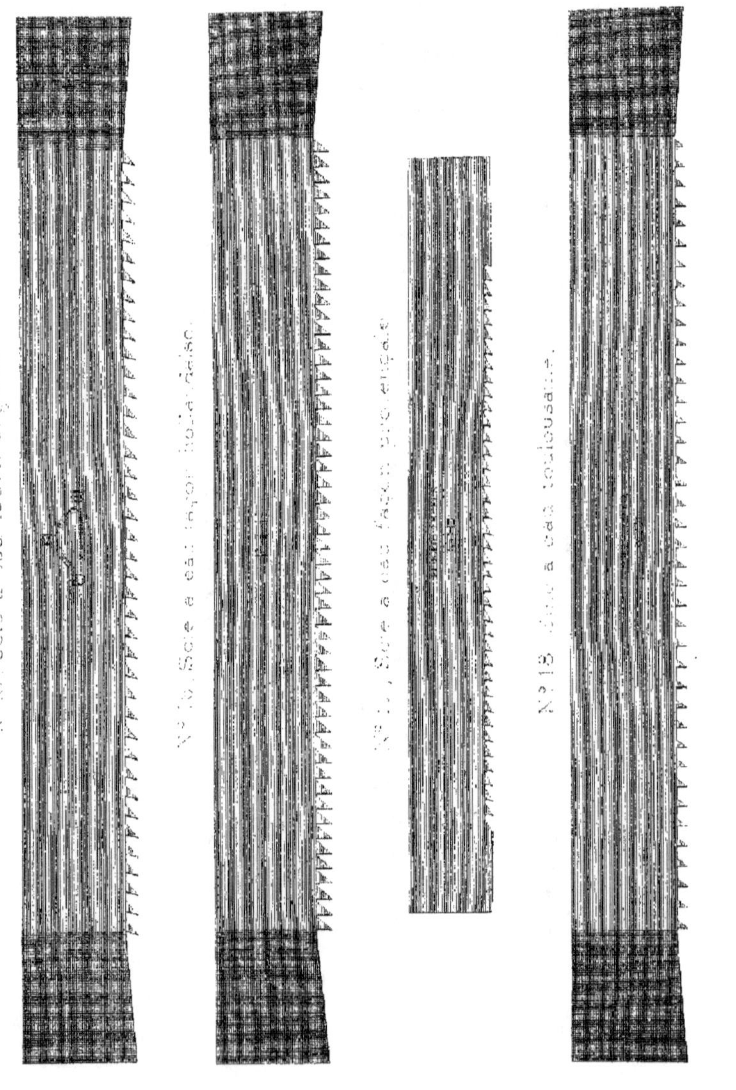

Voir Tarif P. 7.

LES FILS DE PEUGEOT FRÈRES

GRANDES SCIES

N°9, Scie à eau façon Allemande.

N°20, Scie à eau du Jura.

N°80, Passepartout façon anglaise vernie des deux côtés.

N°31, Passepartout façon Saxe.

Voir Tarif P 7 & 8

LES FILS DE PEUGEOT FRÈRES

GRANDES SCIES

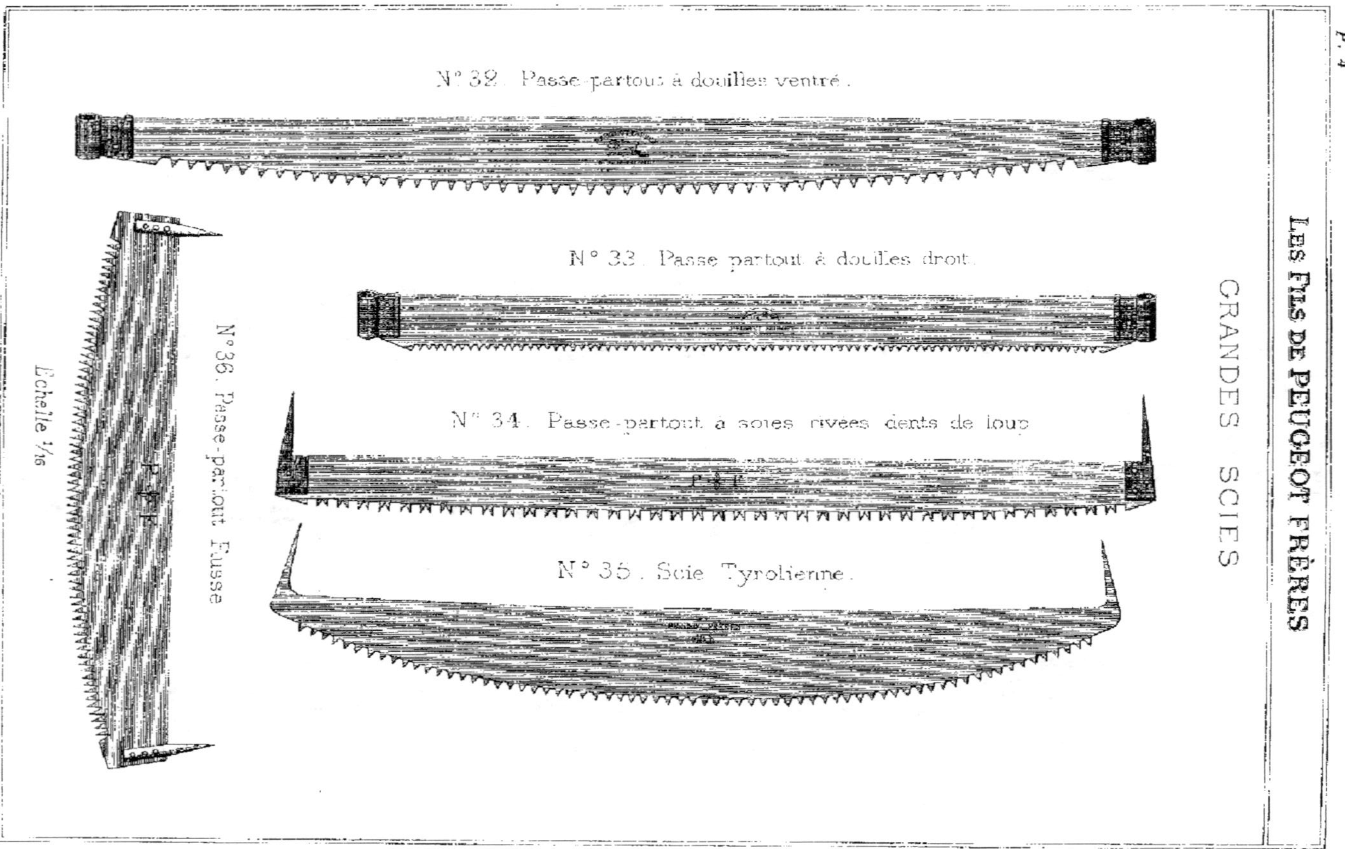

LES FILS DE PEUGEOT FRÈRES

SCIES MÉCANIQUES

N° 45. Scie mécanique à grumes

N° 46. Scie pour machines à cylindres

N° 47. Scie pour machines à chariots

N° 48. Scie à placage et à panneaux

N° 49. Scie à chassis

Echelle 1/5

Voir Tarif P 9

LES FILS DE PEUGEOT FRÈRES

GRANDES SCIES

N°60, Scie de long droite

N°61, Scie de long ventrée

N°62, Scie de long façon Paris

N°63, Scie de long façon Paris avec chaperons

N°64, Scie de long ventrée façon Allemagne

N°65, Scie de long pomme

N°69, Queue à fourche

N°68, Queue à douille

N°70, Anneaux de scieurs de long

Simple

Double

Echelle 1/16

Voir Tarif P. 7

Imp. Girard & Fils, Paris

LES FILS DE PEUGEOT FRÈRES

GRANDES SCIES

N°75. Scie de Charpentier

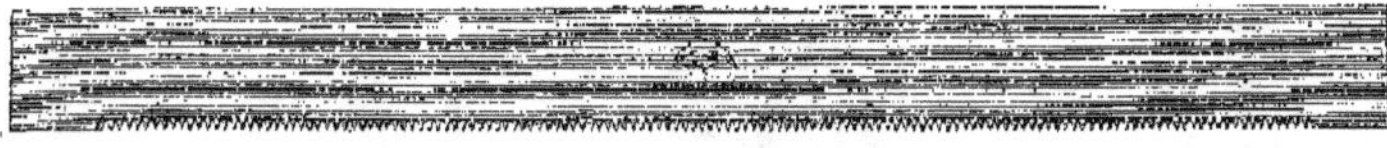

N°76. Scie à placage

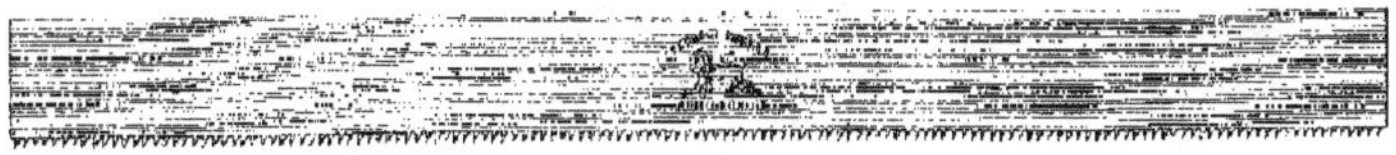

N°77. Scie à presse ou à refendre

N°80. Passepartout bohémien

N°85. Scie de Sabotier ou de travers

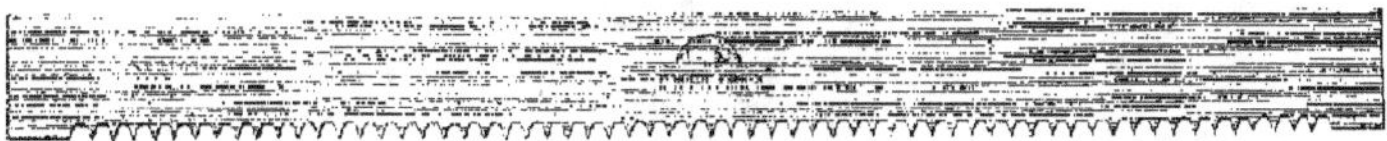

N°90. Grande scie chaperonnée.

N°92. Scie à taquets noire

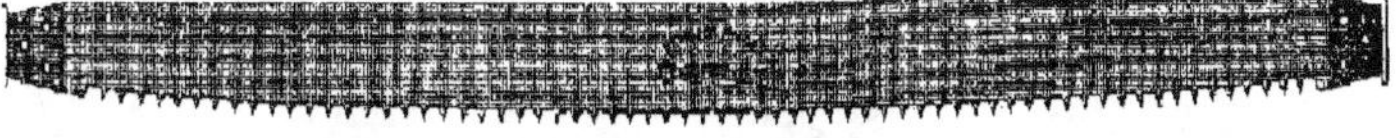

Voir Tarif P. 6, 8 à 11

LES FILS DE PEUGEOT FRÈRES

GRANDES SCIES

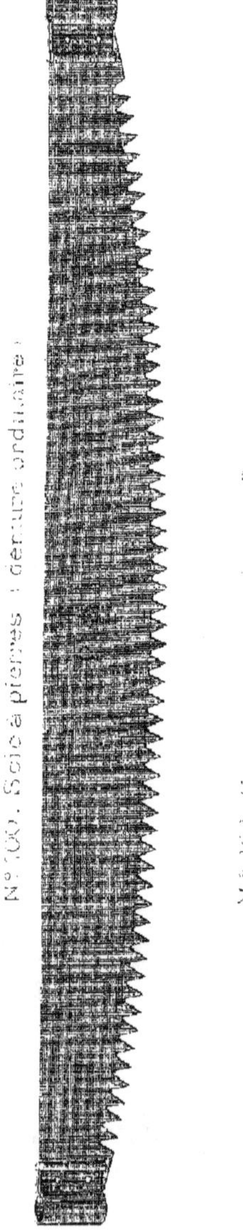

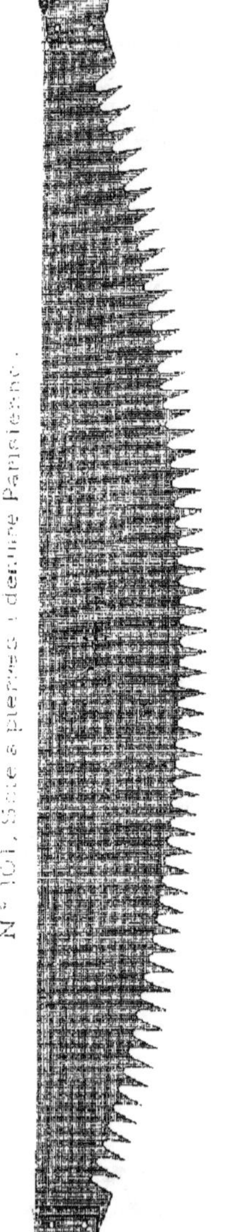

Échelle ¼

Voir Tarif P. 11

Imp. Durand & Fils, Paris

LES FILS DE PEUGEOT FRÈRES

PETITES SCIES

N° 154. [illegible]

N° 155. Scie à [illegible] dents croisées

N° 155. Scie à [illegible] dents [illegible]

N° 156. Scie à [illegible] dents écartées

N° 157. Scie à bûches façon Allemande

N° 158. Scie à bûches à queues rivées

N° 159. Scie à bûches à queues vissées

N° 165. Scie à [illegible]

N° [illegible]. Scie à [illegible] à queues nouvelles

N° 167. Scie à [illegible]

N° [illegible]. Scie à [illegible]

Échelle 1/10

Voir Tarif T. 12 & 13

LES FILS DE PEUGEOT FRÈRES

PETITES SCIES

N° 175, Petite Scie chaperonnée

N° 176, Scie chaperonnée, à queues rivées.

N° 177, Scie chaperonnée, à queues vissées

N° 185, Scie de charron, pointue

N° 186, Scie de charron, égale largeur

N° 190, Scie à merrains.

N° 200, Scie largette, dents couchées.

N° 201, Scie largette, dents droites

N° 202, Scie à tenons, dents couchées

N° 203, Scie à tenons, dents droites.

Échelle ⅟₁₀

Voir Tarif P. 13, 14 & 15

LES FILS DE PEUGEOT FRÈRES

PETITES SCIES

Nº 210. Scies a marqueterie

Scies alternatives
Nº 215 pour le bois   Nº 216 pour metaux

Nº 220. Scies de tabletier

Nº 225. Scie à ivoire

Nº 230. Scie à bois de fusils

Nº 235. Scie de layetier ou d'emballeur

Nº 240. Scie à queues rivées

Nº 241. Scie à queues vissées

Nº 242. Scie à queues naturelles

Nº 250. Scie dite chemin de fer pour tailleur de pierres.

Nº 260. Scie articulée
pour abattre les arbres.

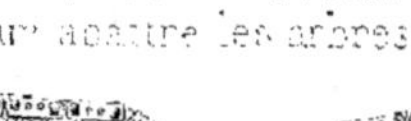

Echelle ⅒

Voir Tarif P. 12, 13, 14 & 18

LES FILS DE PEUGEOT FRÈRES

SCIES MONTÉES

Nº 270. Scie de boucher à dos d'acier bleui,
manche d'égoïne

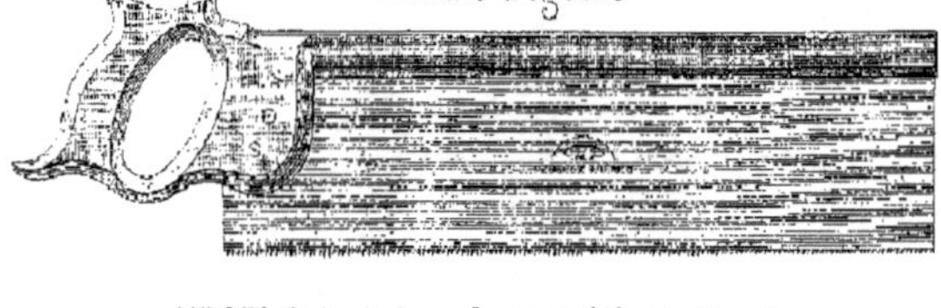

Nº 271. Scie de boucher modèle de Bordeaux

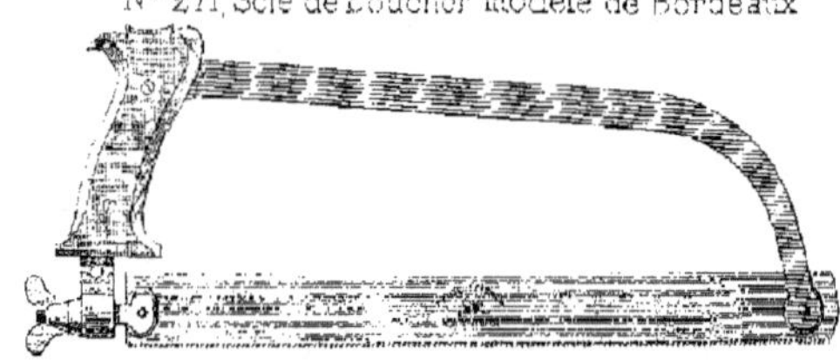

Nº 272. Scie de boucher à arc poli.

Nº 273. Lame de Scie de boucher.

Nº 275. Couteau scie pour Jambon

Nº 281. Scie à placage
dentée des deux côtés.

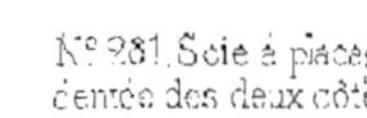

Nº 282. Scie à placage montée

Nº 276. Scie de boulanger.

Nº 280. Scie à placage
dentée d'un côté.

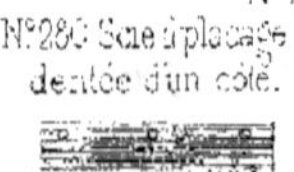

Echelle ½.

Voir Tarif P 16 & 18

LES FILS DE PEUGEOT FRÈRES

SCIES MONTÉES

N° 300. Scie turque manche blanc

N° 301. Scie turque manche verni noir
boulonnets saillants.

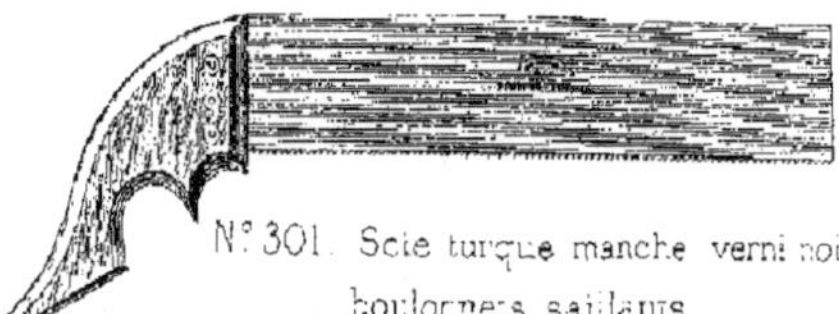

N° 310. Scie à main égoïne
poignée ouverte de 25 à 32 %.

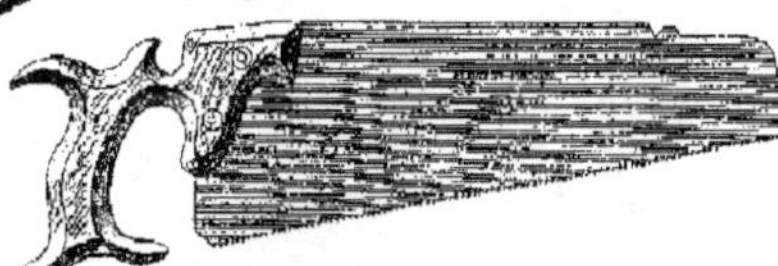

N° 311. Scie à main égoïne ½ large.

N° 312. Scie à main égoïne grande largeur de 35 % et plus

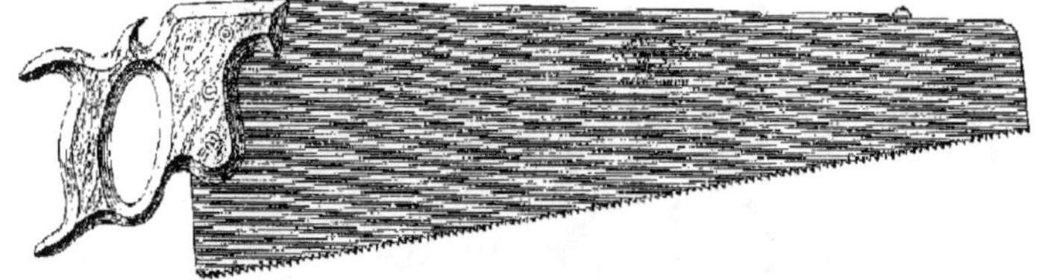

N° 315. Couteau à papier monté avec manche d'égoïne.

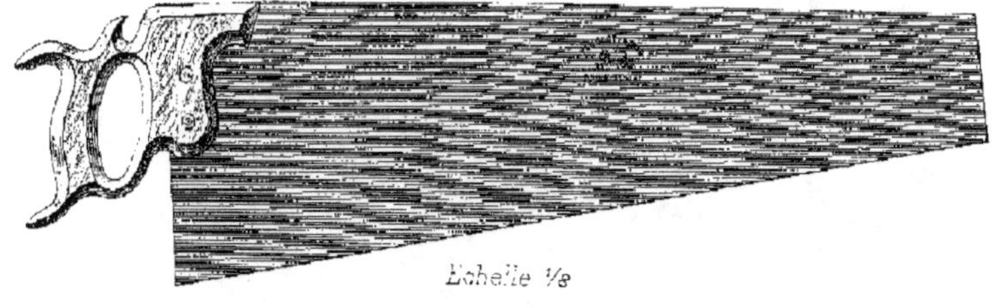

Échelle ⅛

Imp. Gérard & Fils Paris

LES FILS DE PEUGEOT FRÈRES

SCIES MONTÉES

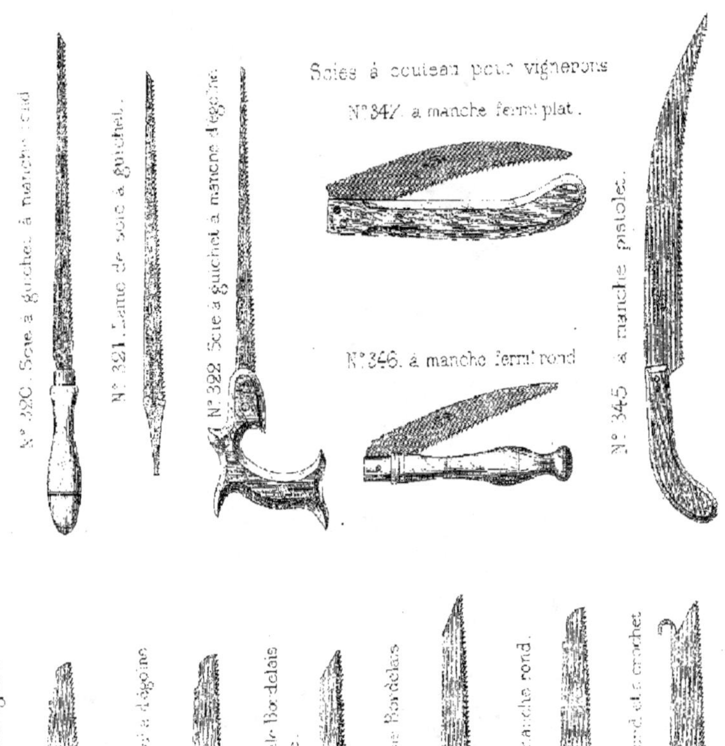

Echelle 1/8

SCIES MONTÉES

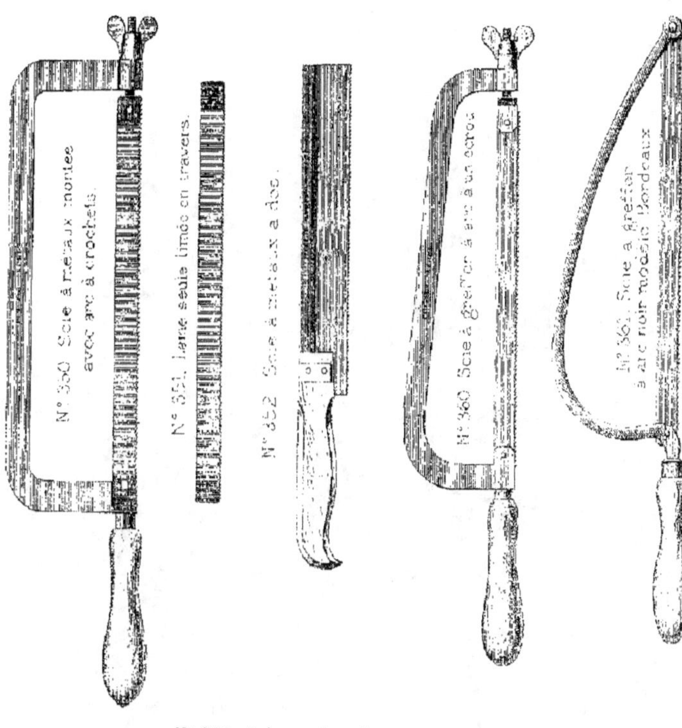

Nº 365. Scie à chevilles

LES FILS DE PEUGEOT FRÈRES

N° 330. SCIES CIRCULAIRES POUR LE BOIS

Renseignements essentiels à donner avec la commande
Voir Tarif P. 21

Echelle 1/16

Voir Tarif P. 20 & 21

LES FILS DE PEUGEOT FRÈRES

SCIES ET COUTEAUX CIRCULAIRES

N° 387
Couteau circulaire
sans biseau évidé.

N° 388
Couteau circulaire
à biseau.

Échelle ⅕

Imp. Girard & Fils, Paris

LES FILS DE **PEUGEOT FRÈRES**

SCIES ET FRAISES DIVERSES

Nº 390 Scies circulaires à rainer le bois

A   B   C

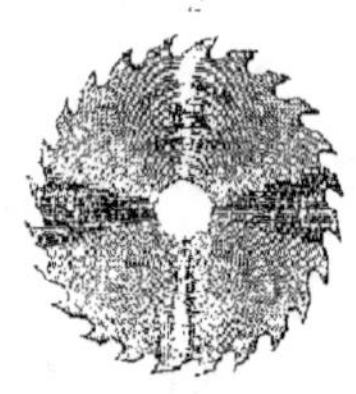

Nº 392. Fraises à métaux

A   B   C

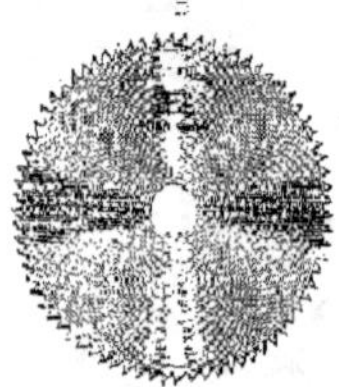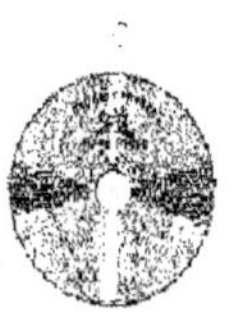

Nº 393   Fraises pour peignes et pour ivoire

Nº 394 Rondelle en acier pour fraise à métaux

A   B

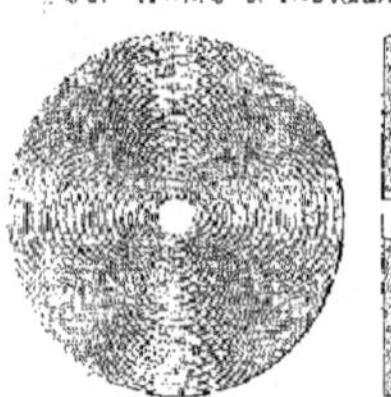

Nº 398 Lame pour tan

Nº 400 Scie circulaire à tan

Nº 399 lame pour tan

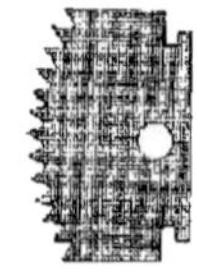

LES FILS DE PEUGEOT FRÈRES

SCIES SANS FIN

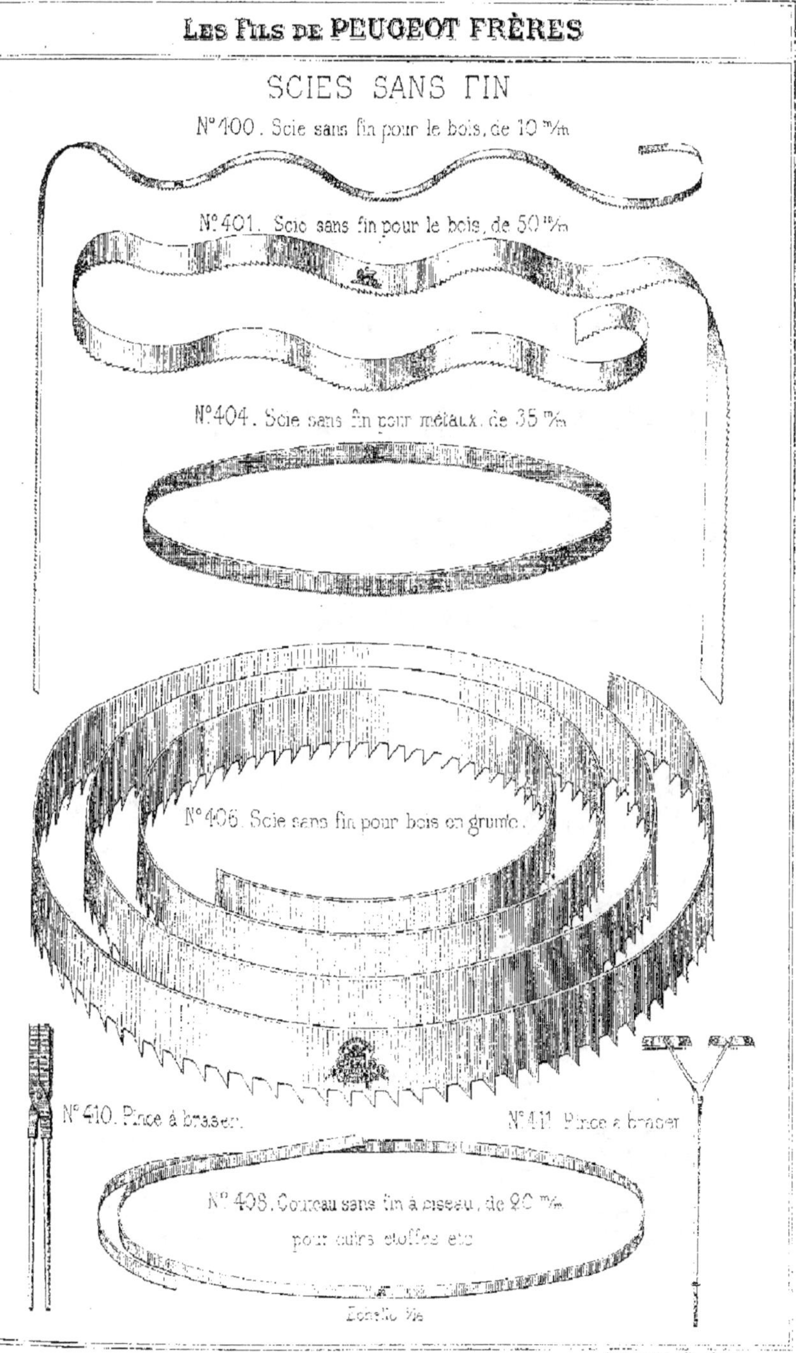

Les Fils de **PEUGEOT FRÈRES**

N° 415. SCIES DE CHIRURGIE

N° 1

N° 2

N° 3

N° 4

N° 5

N° 6

N° 7

N° 8

N° 9

Echelle ¼

Voir Tarif P. 19.

TABLEAU DE DENTURES

Nota : *Les Dentures sont de grandeur naturelle*

LES FILS DE PEUGEOT FRÈRES

DENTS COUCHÉES

ÉCARTEMENT en millimètres	$1^{m/m}$	$2^{m/m}$	$3^{m/m}$	$4^{m/m}$
NUMÉROS	N° 1	N° 2	N° 3	N° 4

ÉCARTEMENT en millimètres	$5^{m/m}$	$6^{m/m}$	$7^{m/m}$
NUMÉROS	N° 5	N° 6	N° 7

ÉCARTEMENT en millimètres	$8^{m/m}$	$9^{m/m}$	$10^{m/m}$
NUMÉROS	N° 8	N° 9	N° 10

DENTS DROITES

ÉCARTEMENT en millimètres	$4^{m/m}$	$5^{m/m}$	$6^{m/m}$
NUMÉROS	N° 11	N° 12	N° 13

Nota : On est prié de désigner la forme des dents par le numéro et leur écartement en millimètres.

DENTS DROITES

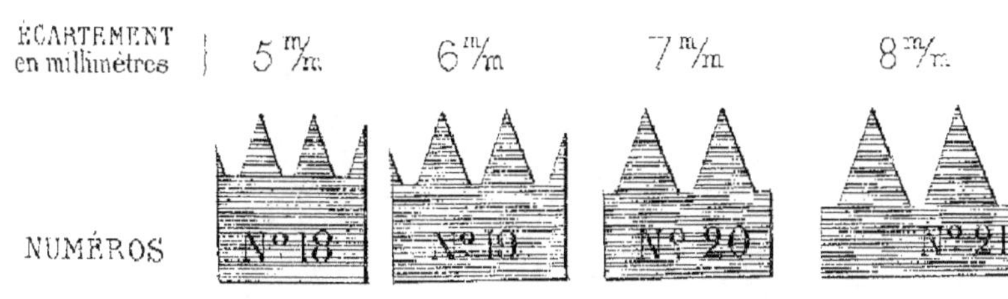

DENTS DE SCIES A BUCHES & CHAPERONNÉES
pour BOIS VERT

Nota : On est prié de désigner la forme des dents par le numéro et leur écartement en millimètres.

DENTS DE GRANDES SCIES MINCES
POUR BOIS VERT

ÉCARTEMENT en millimètres } $14\,^m/_m$

NUMÉROS

N° 24

DENTS DE SCIES DE TRAVERS
POUR BOIS VERT

ÉCARTEMENT en millimètres } $14\,^m/_m$ $16\,^m/_m$

NUMÉROS   N° 25   N° 26

ÉCARTEMENT en millimètres } $18\,^m/_m$

NUMÉROS   N° 27

Nota : On est prié de désigner la forme des dents par le numéro et leur écartement en millimètres.

LES FILS DE PEUGEOT FRÈRES

DENTS DE PASSE-PARTOUT A DOUILLES

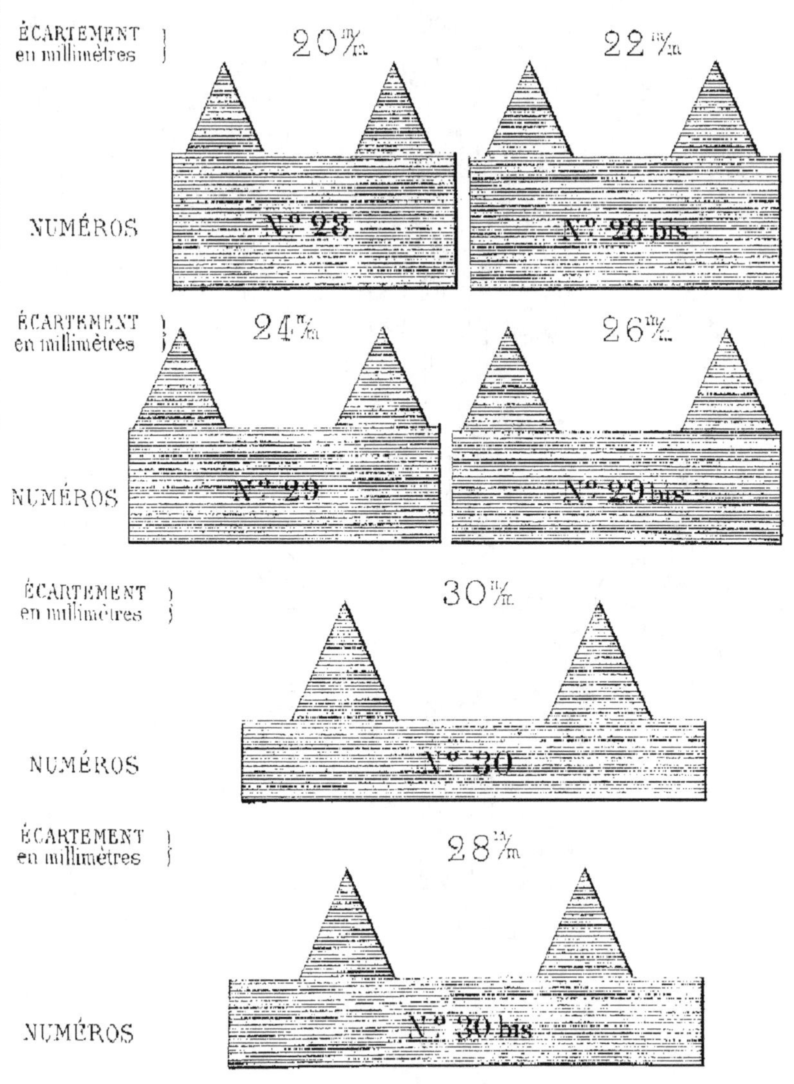

Nota : On est prié de désigner la forme des dents par le numéro et leur écartement en millimètres.

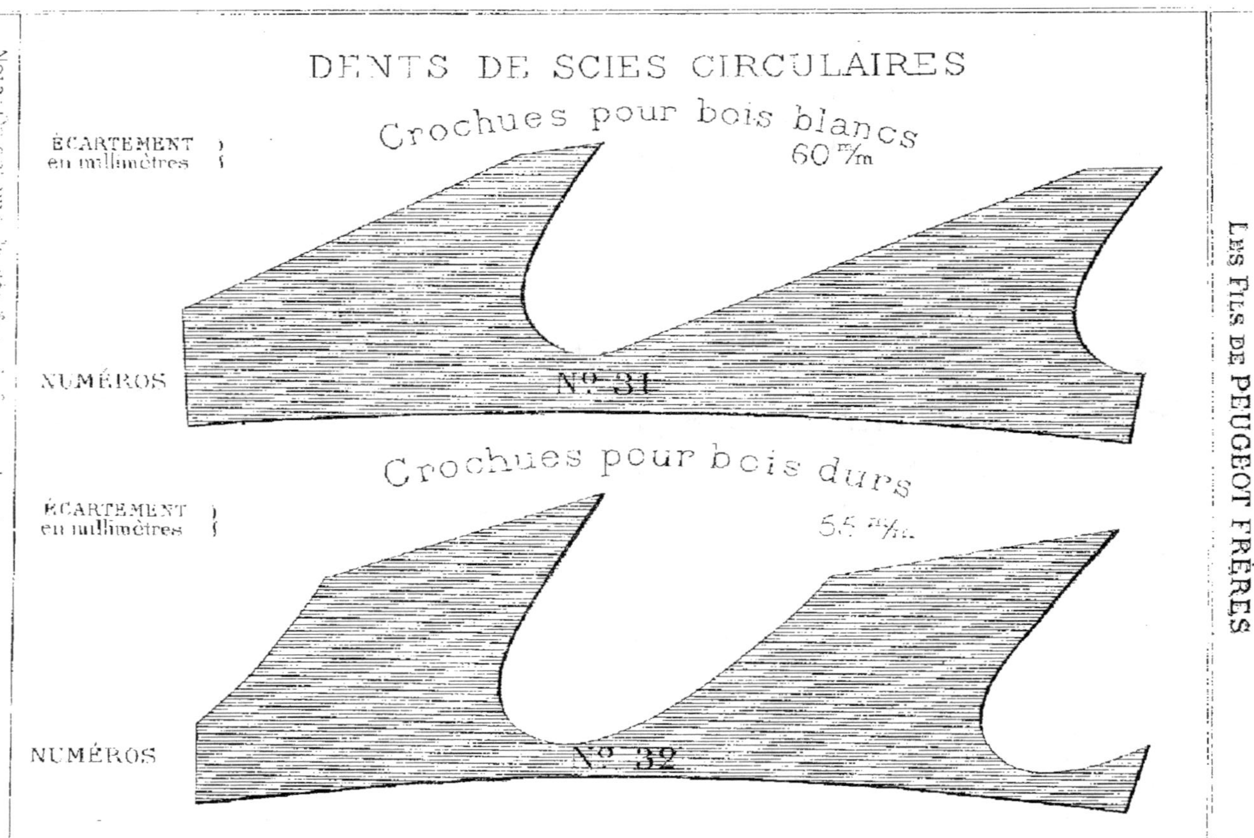

Nota : On peut voir de ces figures la forme des dents par le numéro et leur écartement en millimètres.

DENTS DE SCIES CIRCULAIRES

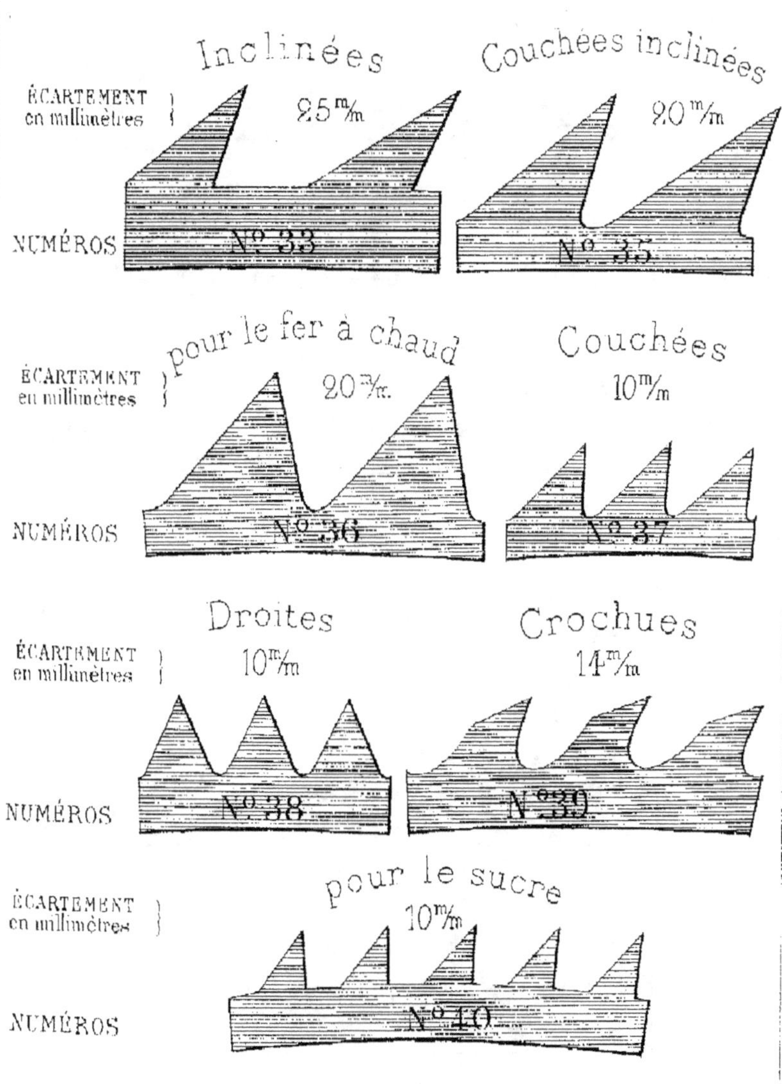

Nota : On est prié de désigner la forme des dents par le numéro et leur écartement en millimètres.

DENTS DE SCIES RUBANS

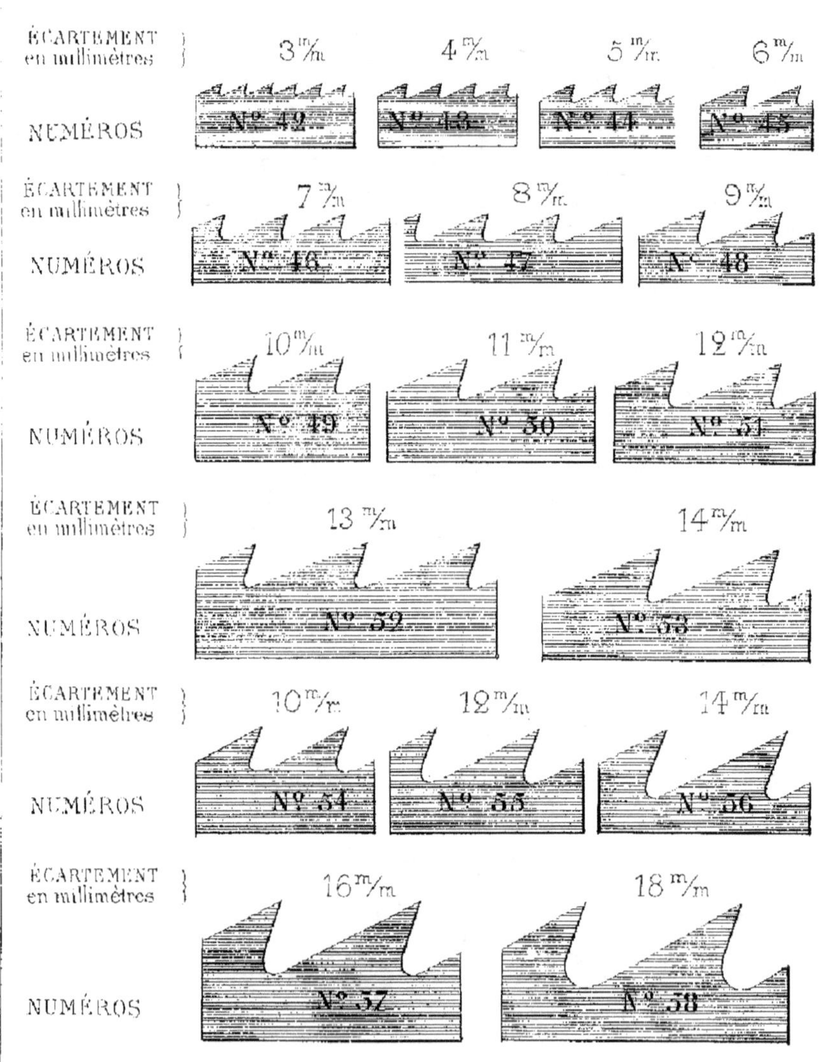

Nota: On est prié de désigner la forme des dents par le numéro et leur écartement en millimètres.

DENTS DE SCIES RUBANS

ÉCARTEMENT en millimètres	20 m/m	22 m/m

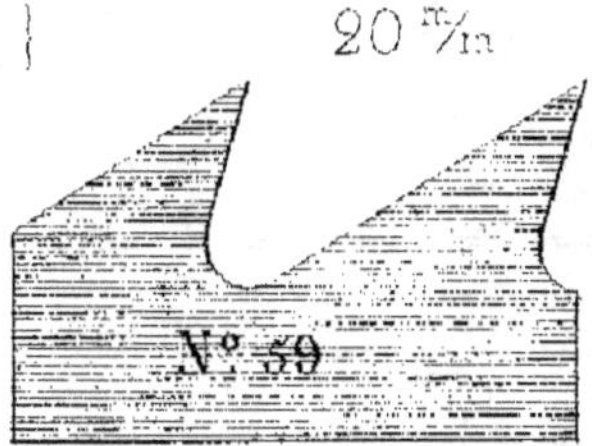

NUMÉROS	N.º 59	N.º 60

ÉCARTEMENT en millimètres	24 m/m	26 m/m

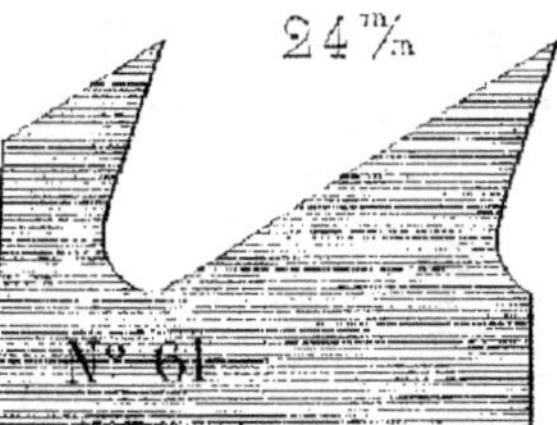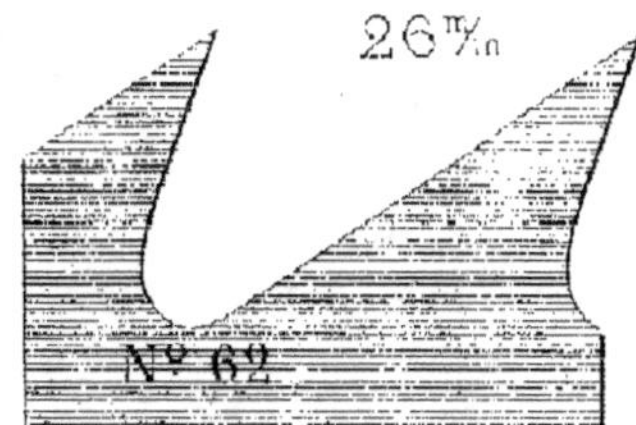

NUMÉROS	N.º 61	N.º 62

DENTS DE RÂPES
A BETTERAVES & POUR FÉCULERIES

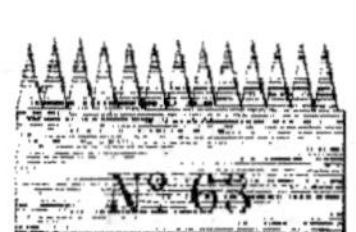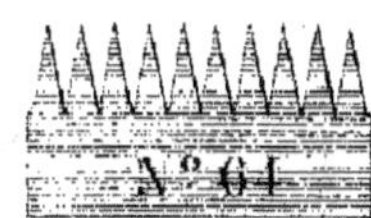

NUMÉROS	N.º 63	N.º 64

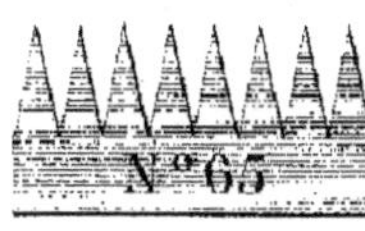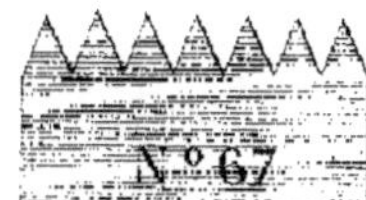

NUMÉROS	N.º 65	N.º 66	N.º 67

Nota : On est prié de désigner la forme des dents par le numéro et leur écartement en millimètres.

LES FILS DE PEUGEOT FRÈRES

DENTS POUR SCIES A GRUMES ET SCIES A EAU

Nota: On est prié de désigner la forme des dents par le numero et leur écartement en millimetres.

LES FILS DE PEUGEOT FRÈRES

DENTS POUR SCIES A GRUMES ET SCIES A EAU

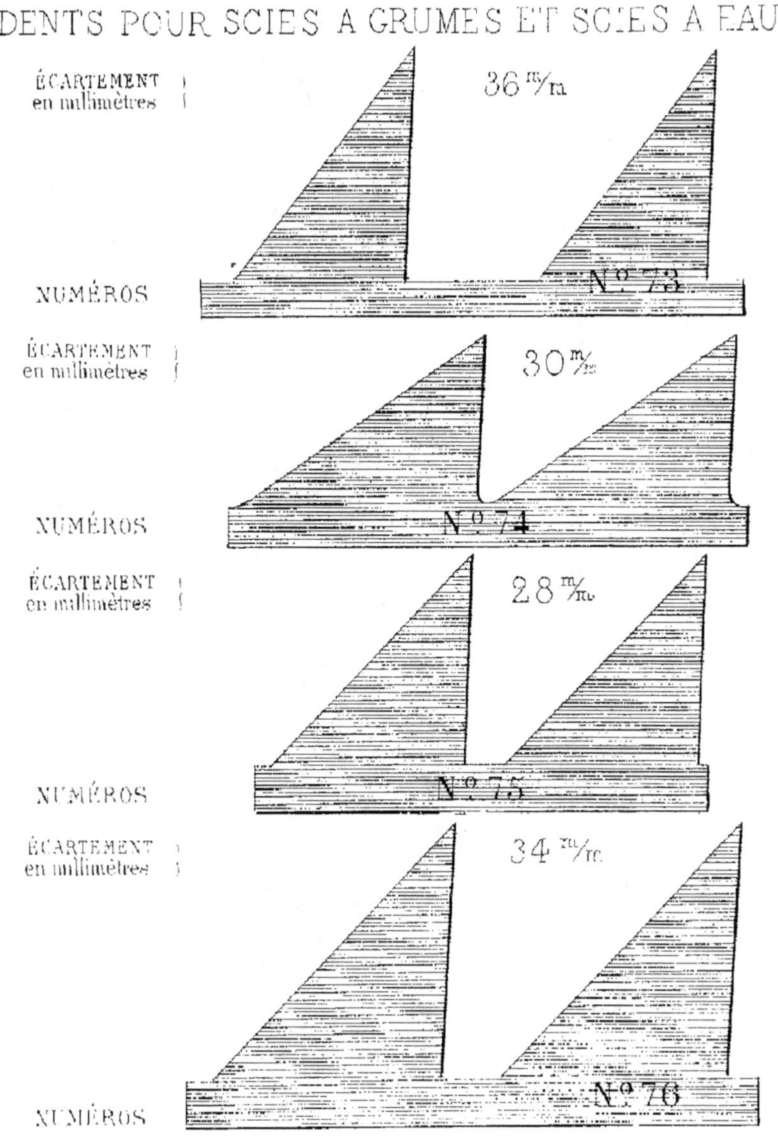

Nota. On est prié de désigner la forme des dents par le numéro et leur écartement en millimètres.

LES FILS DE PEUGEOT FRÈRES

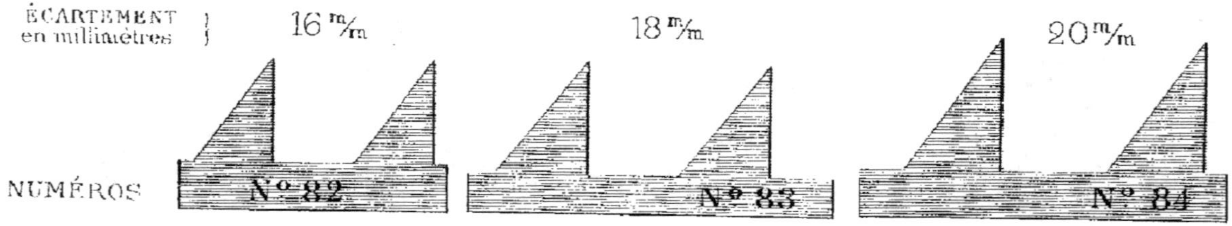

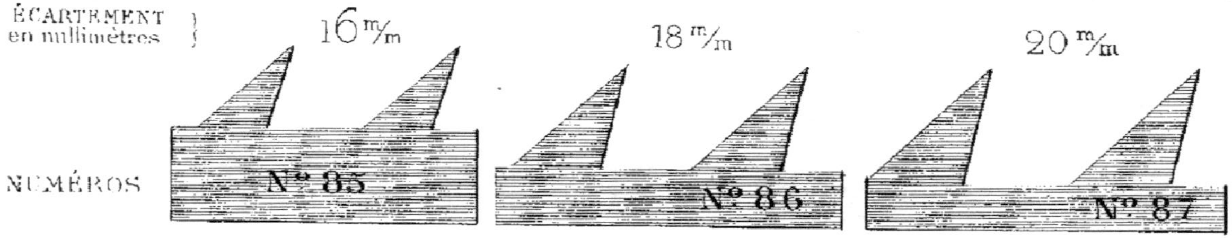

Nota : On est prié de désigner la forme des dents par le numéro et leur écartement en millimètres.

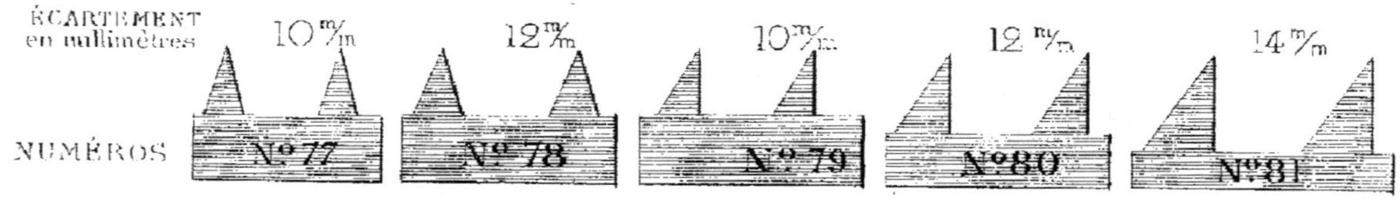

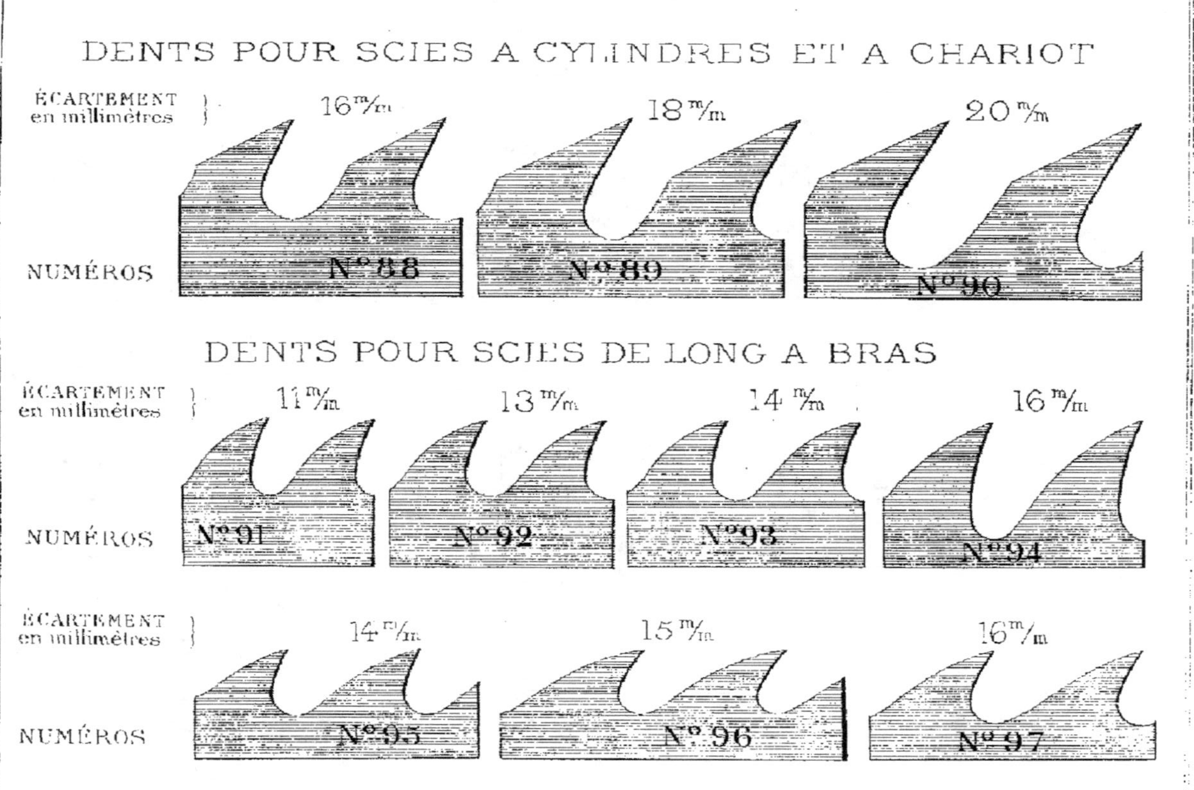

Nota : On est prié de désigner la forme des dents par le numéro et leur écartement en millimètres.

LES FILS DE PEUGEOT FRÈRES

DENTS POUR SCIES DE LONG A BRAS suite

Bois Blancs

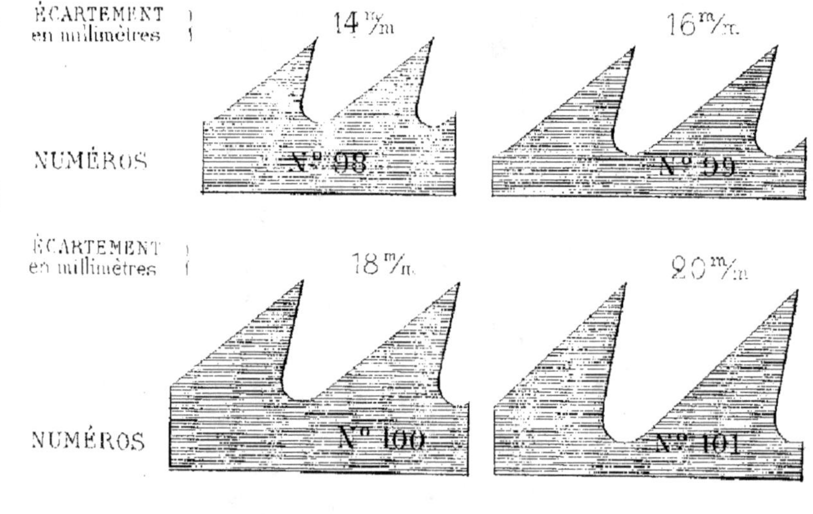

DENTS POUR SCIES DE CHARRONS

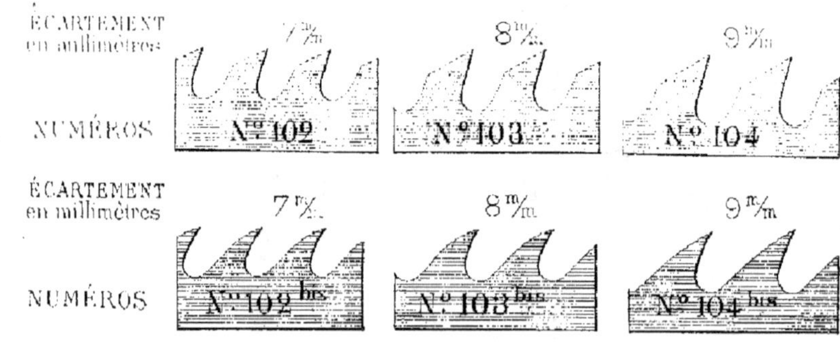

Nota: On est prié de désigner la forme des dents par le numéro et leur écartement en millimètres.

DENTS POUR SCIES A MERRAINS

ÉCARTEMENT en millimètres

NUMÉROS

DENTS DE SCIES A CRANS
POUR LE BOIS

ÉCARTEMENT en millimètres

NUMÉROS

ÉCARTEMENT en millimètres

NUMÉROS

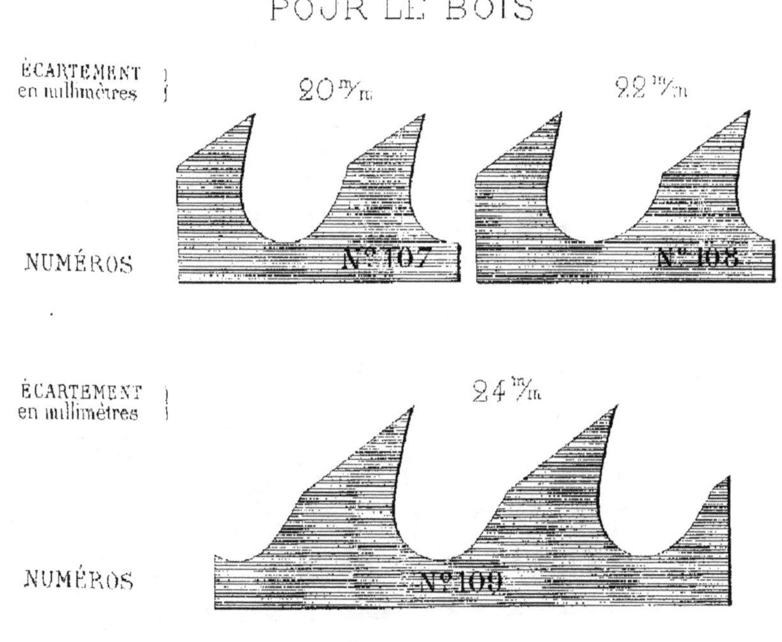

Nota : On est prié de désigner la forme des dents par le numéro et leur
écartement en millimètres.

LES FILS DE PEUGEOT FRÈRES

DENTS DE SCIES A CRANS
POUR LA PIERRE

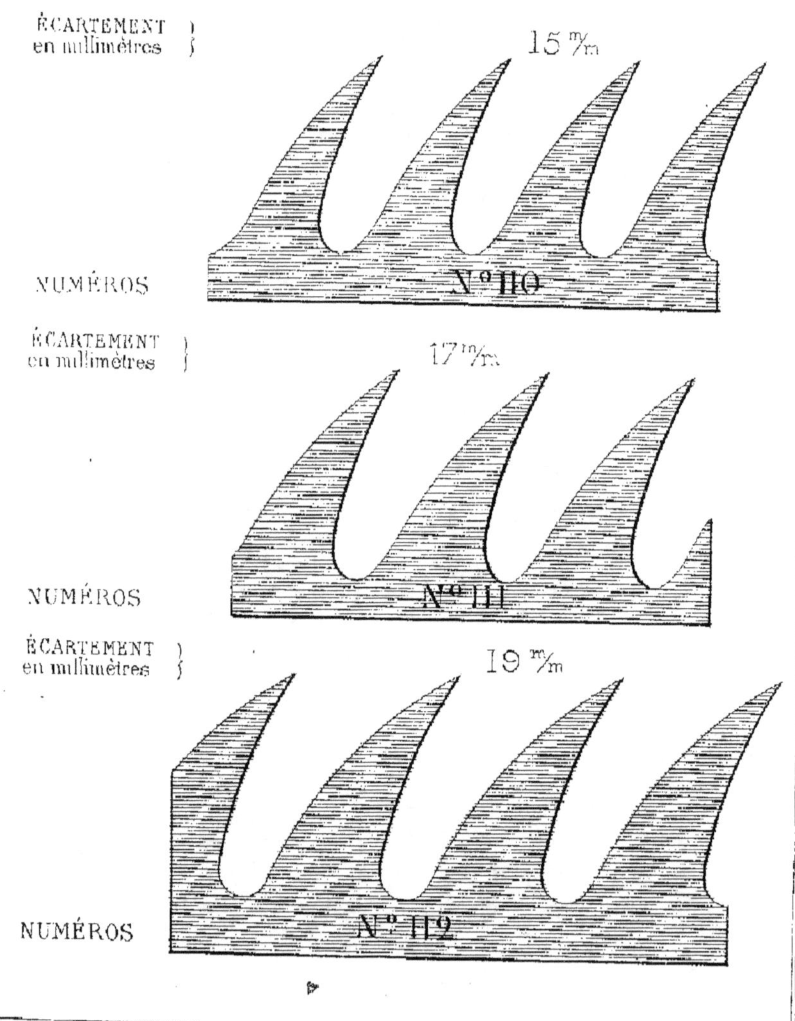

Nota : On est prié de désigner la forme des dents par le numéro et leur écartement en millimètres.

LES FILS DE PEUGEOT FRÈRES

DENTS DE SCIES
POUR LA PIERRE TENDRE

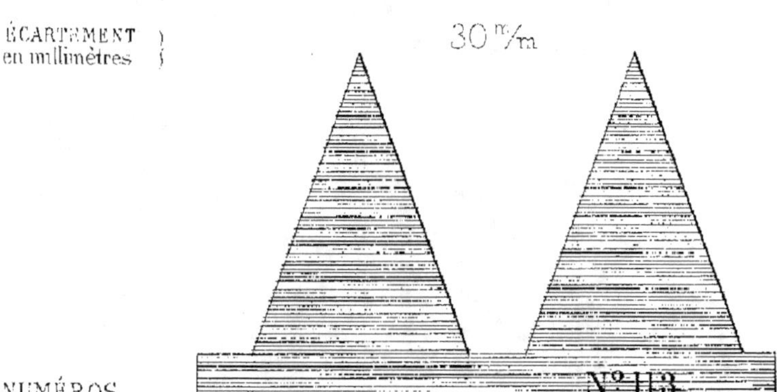

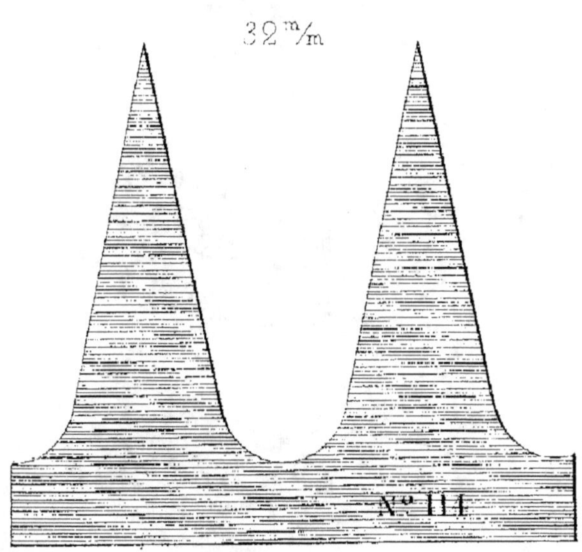

Nota : On est prié de désigner la forme des dents par le numéro et leur écartement en millimètres.

LES FILS DE PEUGEOT FRÈRES

ARTICLES LAMINÉS & LAMES POUR MACHINES.

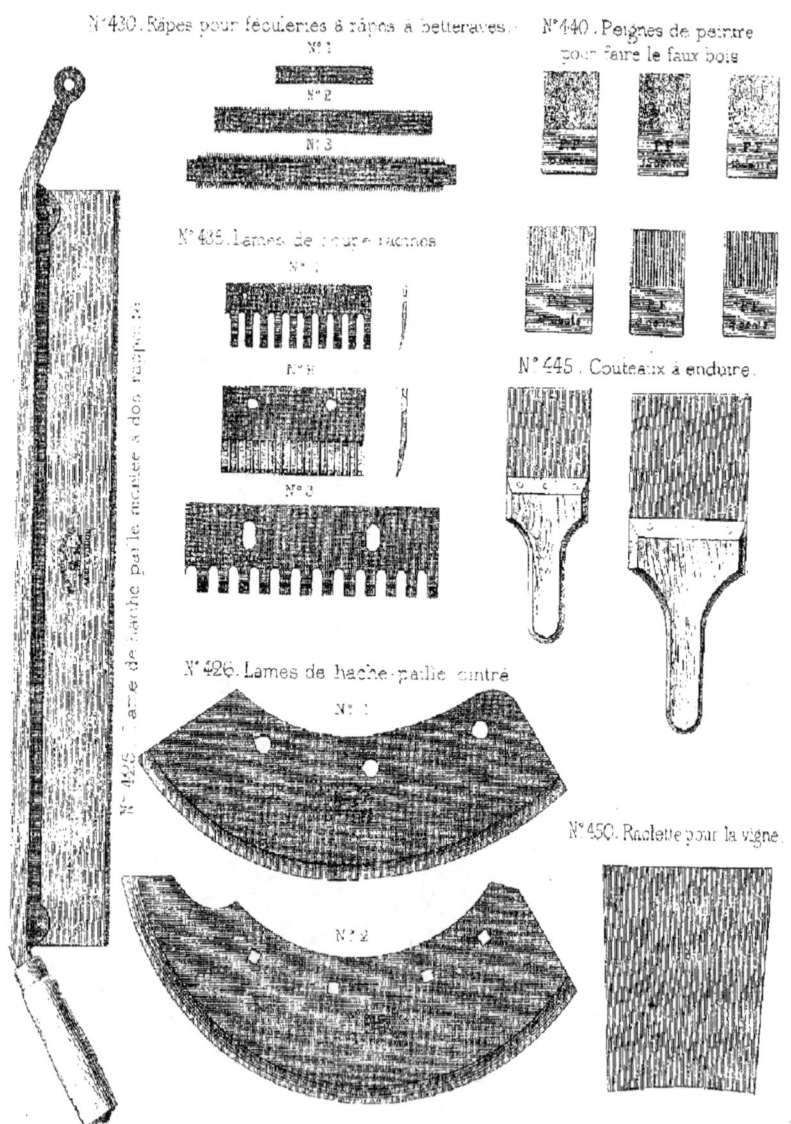

LES FILS DE PEUGEOT FRÈRES

ARTICLES LAMINÉS

Nº 455. Bout de ressort denté

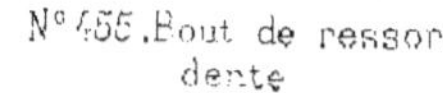

Nº 460. Acier Laminé en bandes

Nº 456. Bout de ressort non denté

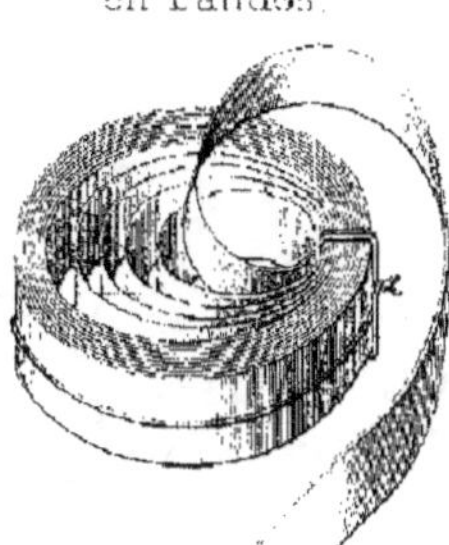

Nº 465. Polissoir pour scieries monté

Nº 470. Couteau pour Bouchonnier monté

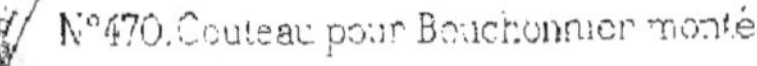

Nº 477. Racloir de tonnelier

Nº 471. Porte-lame de Bouchonnier fraisé

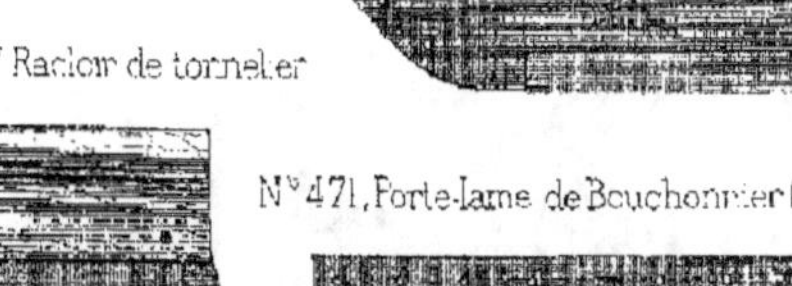

Nº 466. Lame de polissoir

Nº 485. Couteau de chaleur cintré pour chevaux

Nº 472. Lame de Bouchonnier

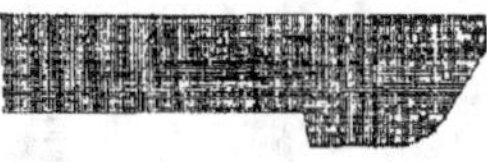
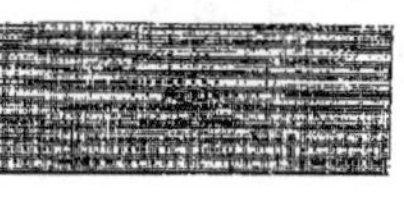

Nº 467. Lame de Polissoir

Nº 480. Agrafe de tablier

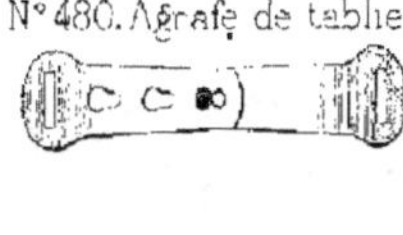

Nº 486. Couteau de chaleur droit pour chevaux

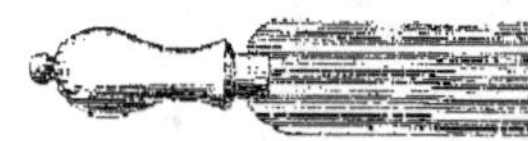

Echelle ½

Imp. Gérard & Fils, Paris

LES FILS DE PEUGEOT FRÈRES

N° 488 RESSORTS DE FILATURES, TISSAGES ET MÉTIERS DIVERS.

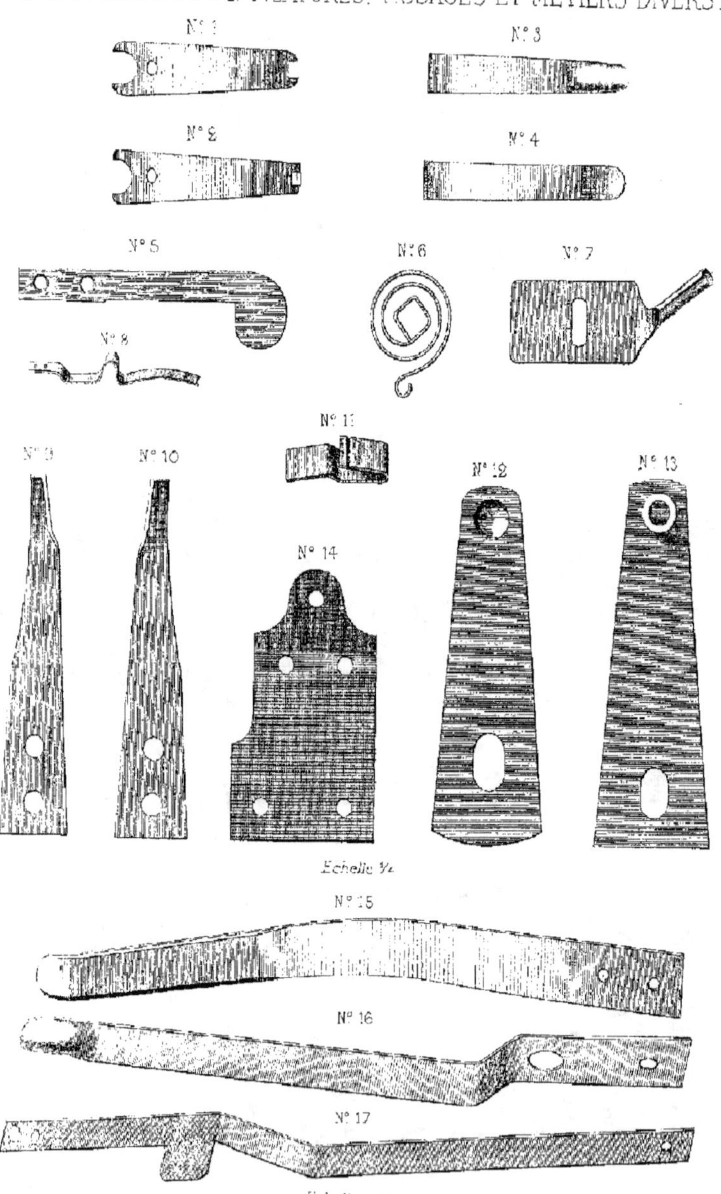

Voir Tarif P. 22

LES FILS DE PEUGEOT FRÈRES

BUSCS & RESSORTS

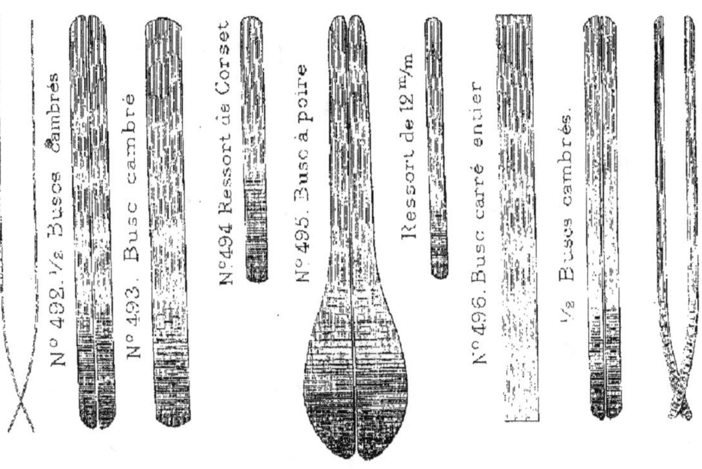

Echelle ½

N° 498. Ressorts de Musique de Pendules et de réveils

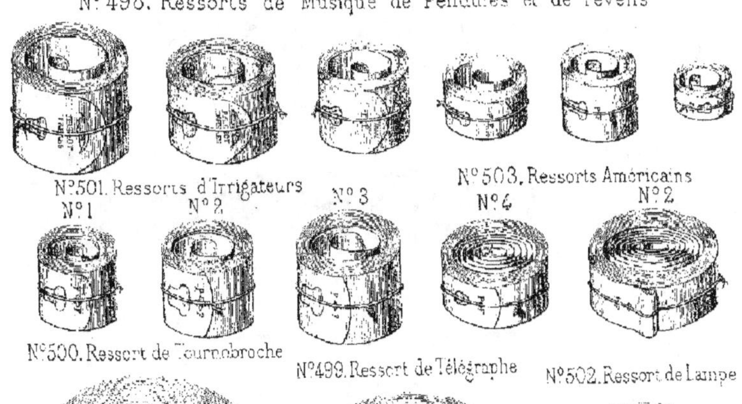

N° 501. Ressorts d'Irrigateurs
N° 1   N° 2   N° 3

N° 503. Ressorts Américains
N° 4   N° 2

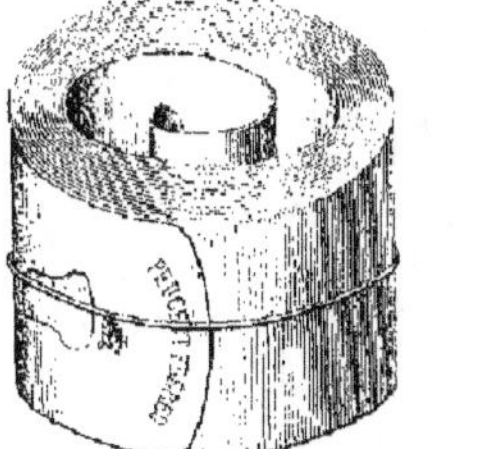

N° 500. Ressort de Tournebroche

N° 499. Ressort de Télégraphe

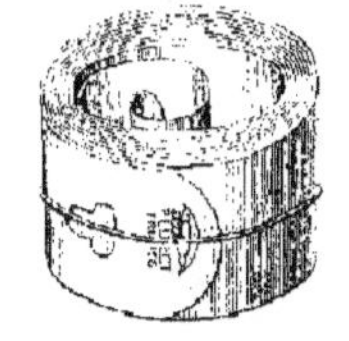

N° 502. Ressort de Lampe

Echelle ¼

LES FILS DE PEUGEOT FRÈRES

ARTICLES LAMINÉS

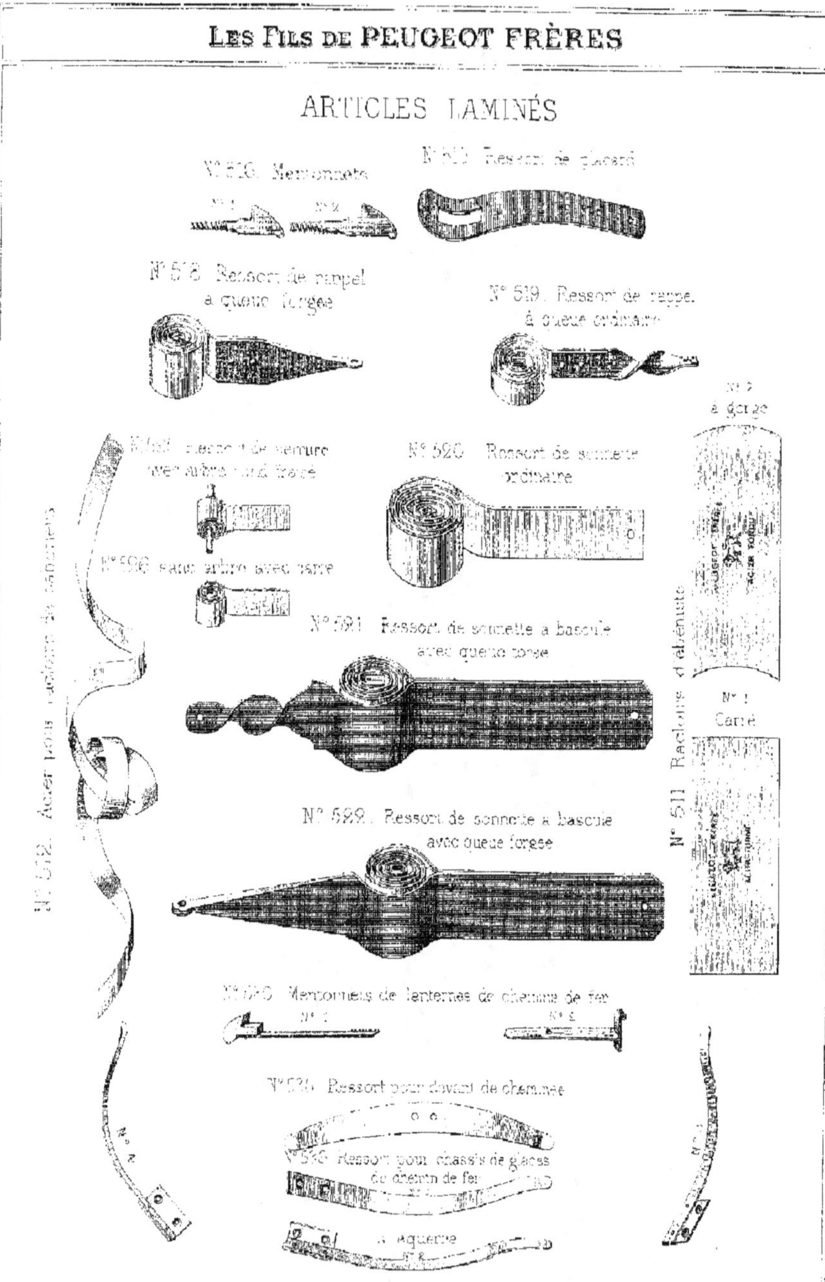

LES FILS DE **PEUGEOT FRÈRES**

LAMES DE MACHINES

N°542. Lame à biseau pour coton

N°543. Peigne de carde

N°545. Lame de Porcelainier

N°548. Lame à satiner

N°550. Râcle d'impression

N°555. Lame de tondeuse ruurée

N° 564. Lame de tondeuse droite

N° 562. Lame docteur pour papeterie

N° 56. Lame de moissonneuse

N° 561. Lame de moissonneuse

Imp. Girard & Fils Paris

OUTILS FORGÉS

FERS DE RABOTS & MOULURES

OBSERVATION

L'ancienne manière de désigner la qualité des outils ayant souvent donné lieu à des erreurs, nous l'avons supprimée. Nous désignerons à l'avenir chaque qualité par sa contre-marque.

1 Main		désignera l'ancienne Qual.té dite	à une marque
1 Croissant			à deux marques
1 Lion			acier foncu
2 Croissants		désigneront	tout acier fin
2 Lions			tout acier fondu

LES FILS DE PEUGEOT FRÈRES

OUTILS FORGÉS

Nº 600. Bédane de chaisier

Nº 601. Bédane à la main

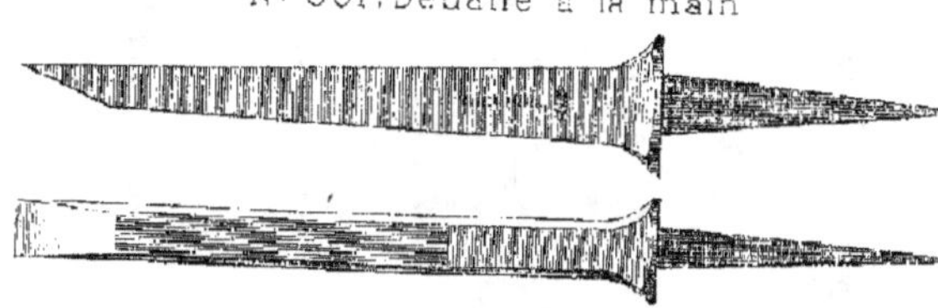

Nº 602. Bédane à 2 Croissants

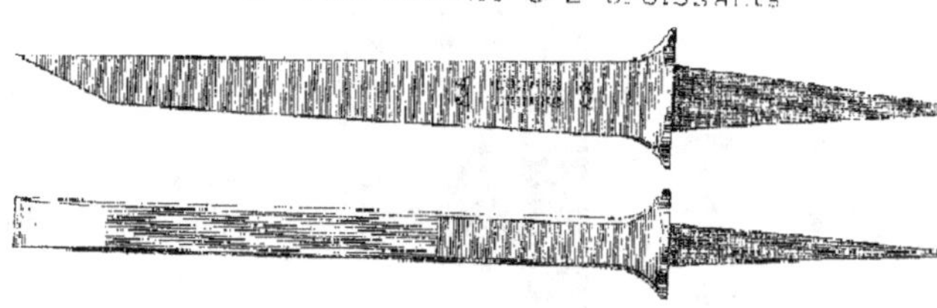

Nº 603. Bédane à 2 lions

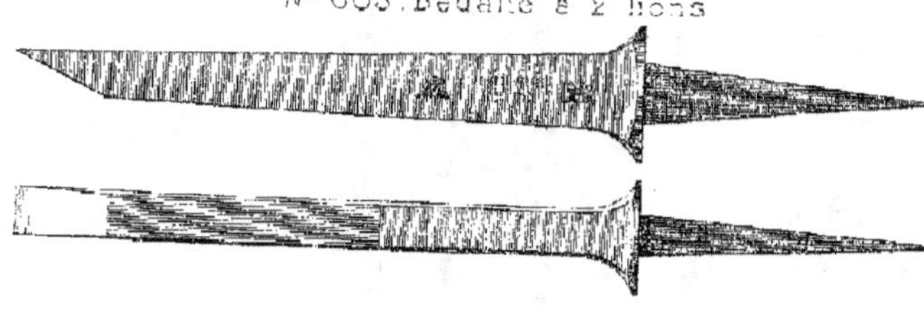

Nº 608. Bédane à ferrer à 2 lions

Echelle ½ grandeur

LES FILS DE PEUGEOT FRÈRES

OUTILS FORGÉS

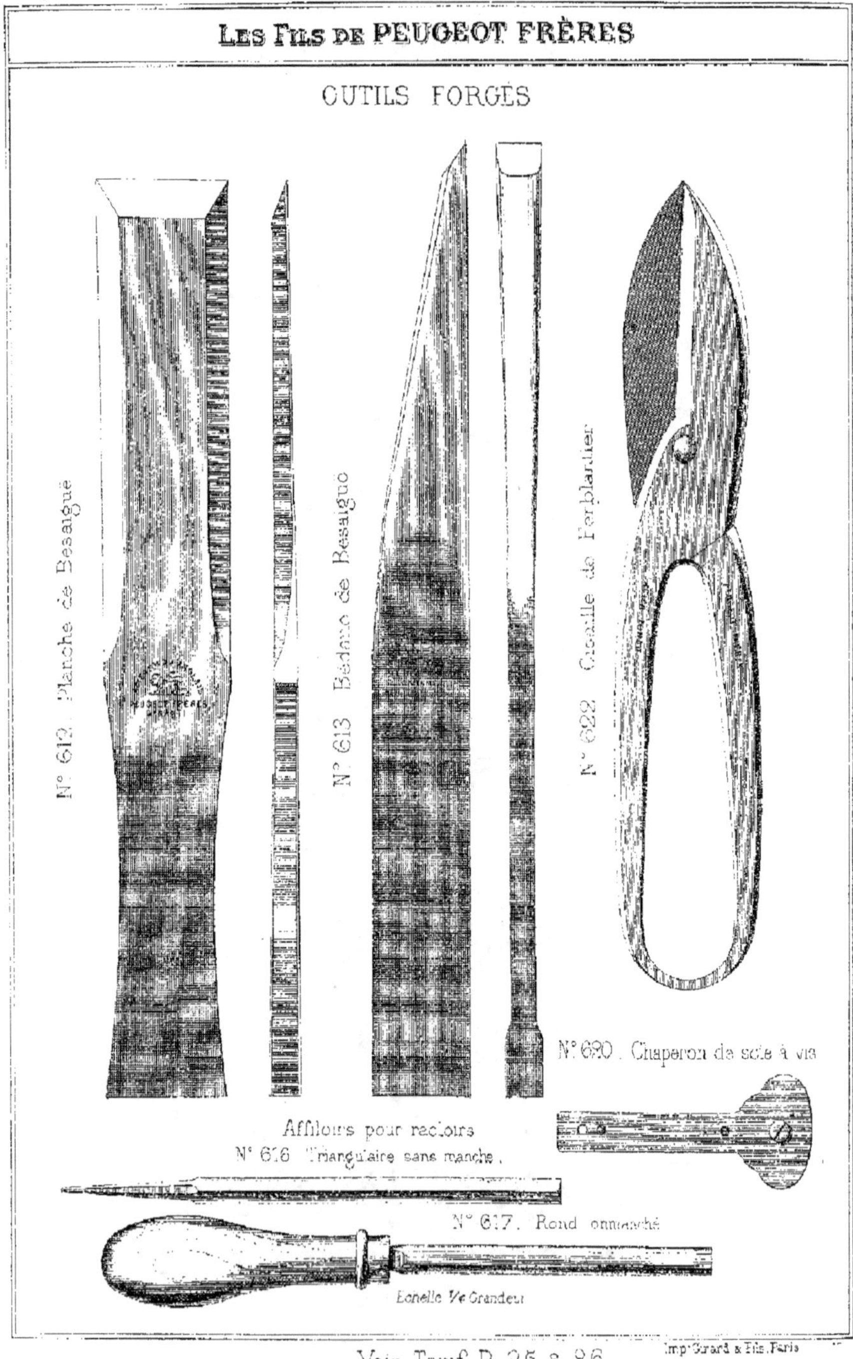

Imp. Girard & Fils, Paris

LES FILS DE PEUGEOT FRÈRES

ARTICLES FORGÉS

N° 625. Ciseau de menuisier à la main

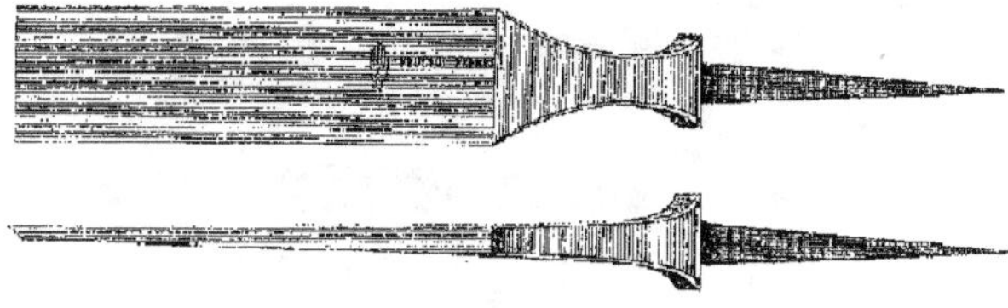

N° 626. Ciseau de menuisier au Croissant

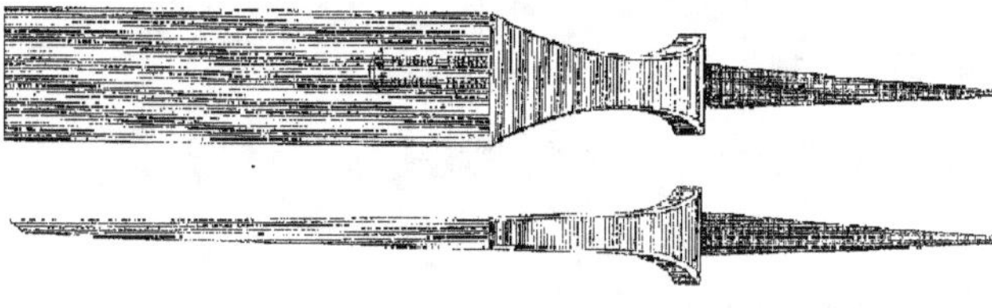

N° 627. Ciseau de menuisier au Lion

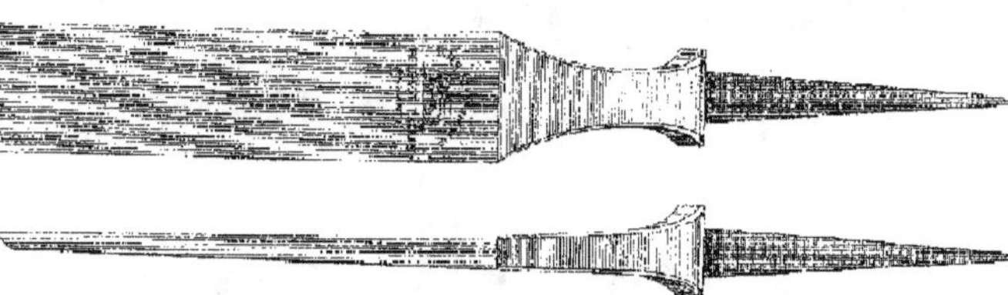

N° 628. Ciseau de menuisier à 2 Lions

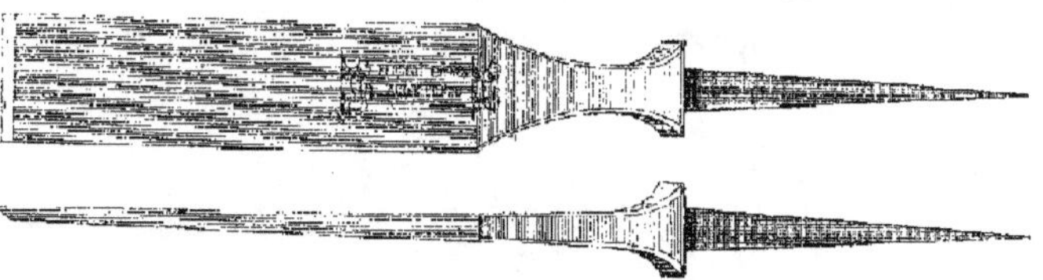

N° 629. Ciseau de menuisier à 2 Croissants avec manche à 2 viroles

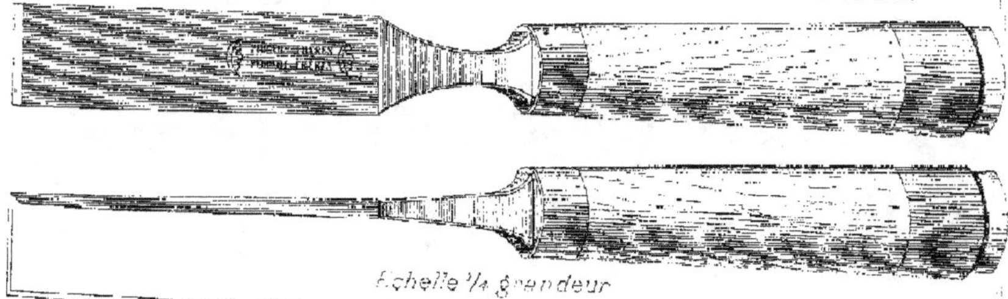

Échelle ¼ grandeur

Voir Tarif P. 26

LES FILS DE PEUGEOT FRÈRES

ARTICLES FORGÉS

N.º 630. Ciseau à froid noir pour métaux

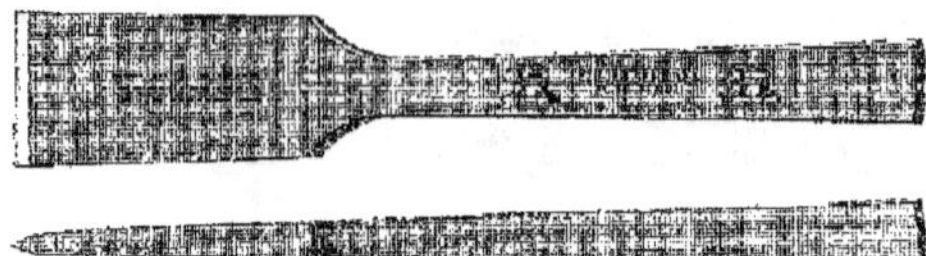

N.º 631. Ciseau à tête

N.º 632. Ciseau de meublier ½ long

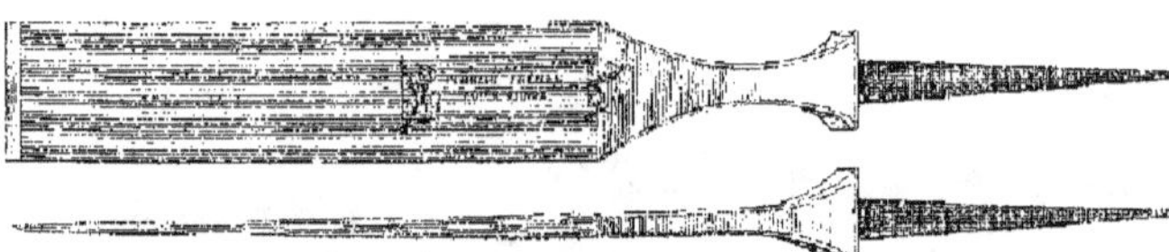

N.º 633. Ciseau de meublier long

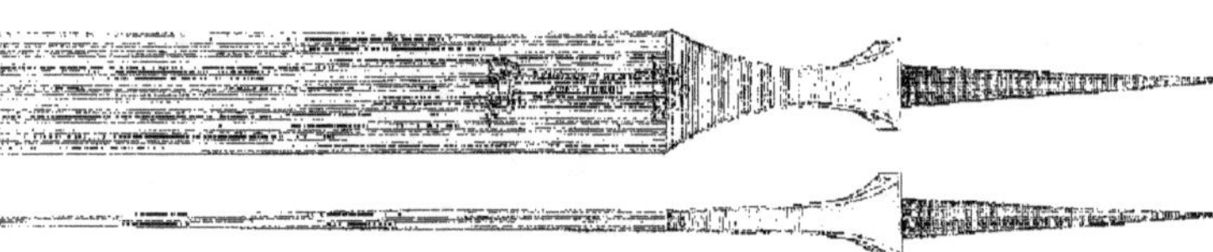

N.º 634. Ciseau de tourneur au Lion force ord.ᵉ

N.º 635. Ciseau de tourneur au Lion renforcé

Voir Tarif P. 26

LES FILS DE PEUGEOT FRÈRES

ARTICLES FORGÉS

Nº 636. Ciseau catalan au Lion

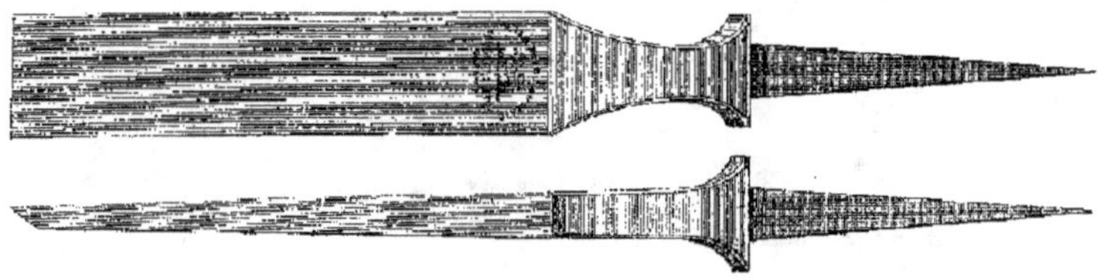

Nº 637. Ciseau catalan, 2 Croissants

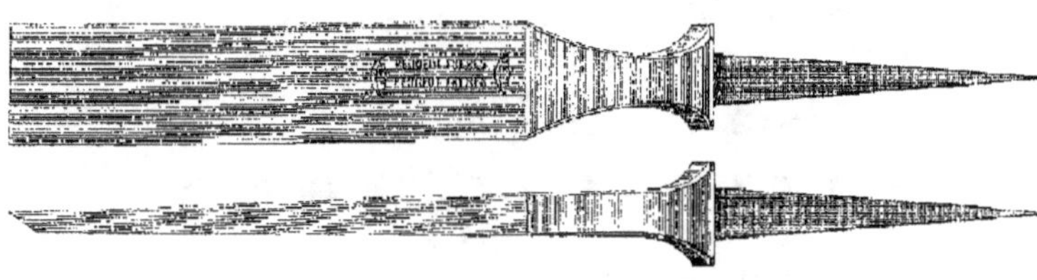

Nº 638. Ciseau bédane, 2 Croissants

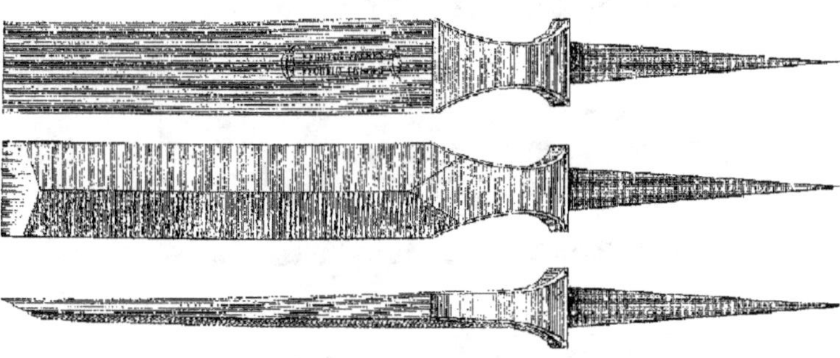

Nº 639. Ciseau bédane au Lion

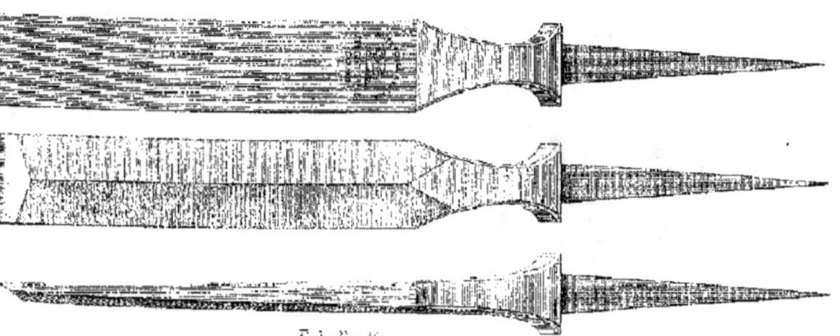

Échelle ½.

Les Fils de **PEUGEOT FRÈRES**

CISEAUX PETITS DITS DE SCULPTEURS

N° 645. Ciseau de sculpteur 2 Croissants, force ord^{re}

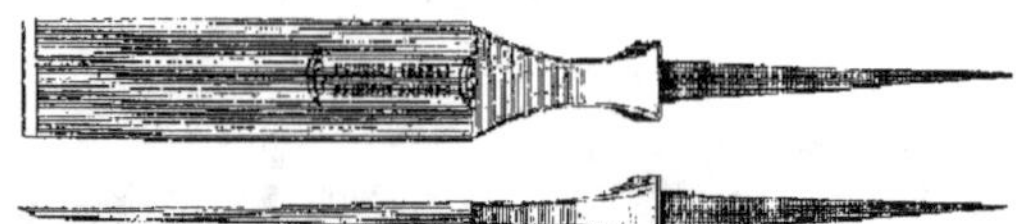

N° 646. Ciseau de sculpteur 2 Croissants, renforcé

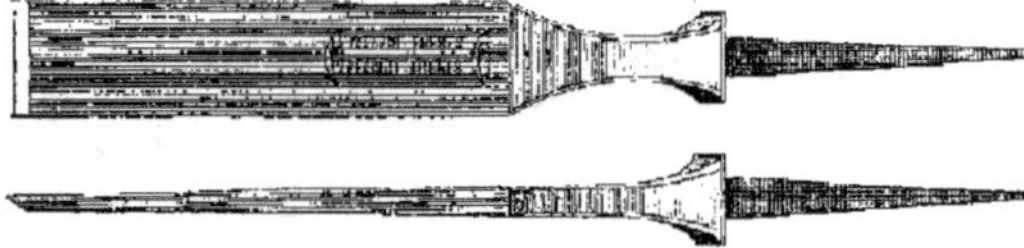

N° 647. Ciseau de sculpteur 2 Lions, force ord^{re}

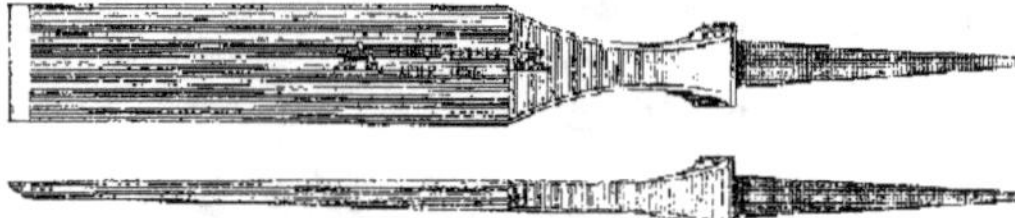

N° 648. Ciseau 2 Lions, biseauté

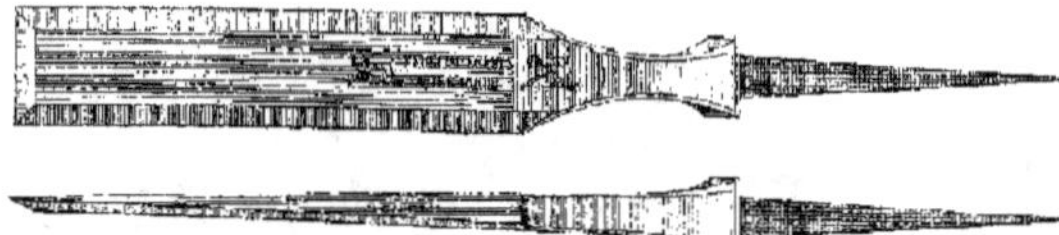

N° 649. Ciseau de sculpteur 2 Lions, renforcé

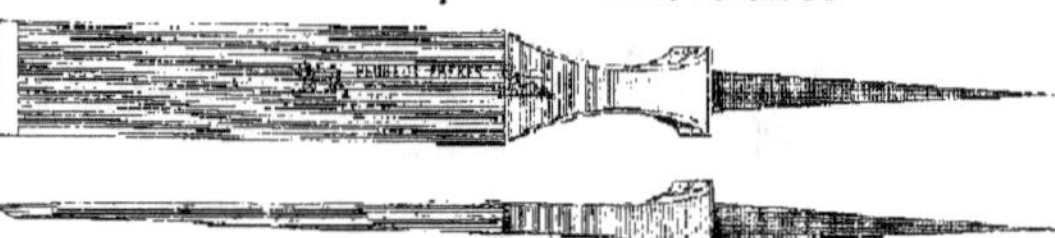

N° 650. Ciseau de sculpteur 2 Lions, extra fort.

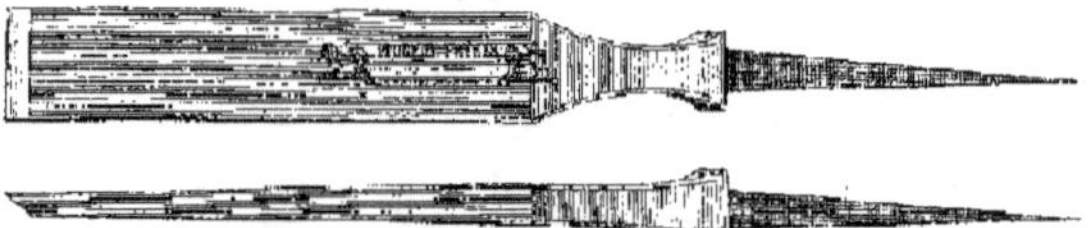

N° 651. Ciseau de sculpteur 2 Lions, renforcé

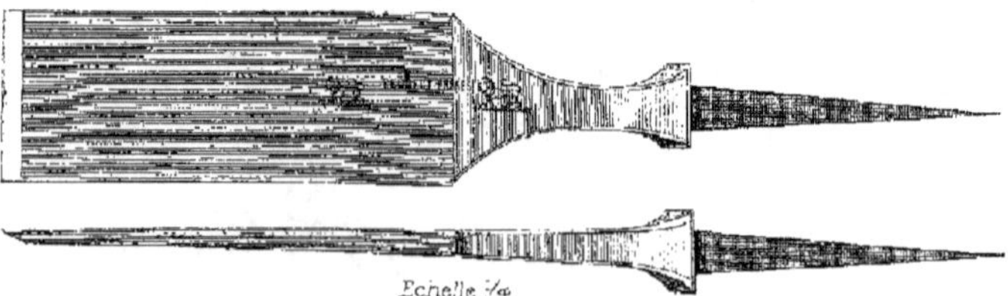

Echelle ¼

Voir Tarif P. 26

LES FILS DE **PEUGEOT FRÈRES**

COMPAS DROITS

N° 660	N° 661	N° 662	N° 663
Compas à la main.	Compas au croissant.	Compas au lion.	Compas renforcé 2 Lions

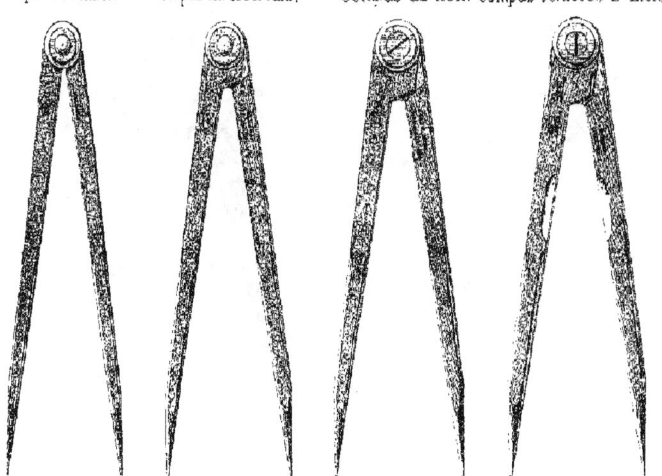

N° 665	N° 666	N° 667
Compas au croissant à quart de cercle	Compas au lion à quart de cercle.	Compas renforcé 2 Lions à quart de cercle

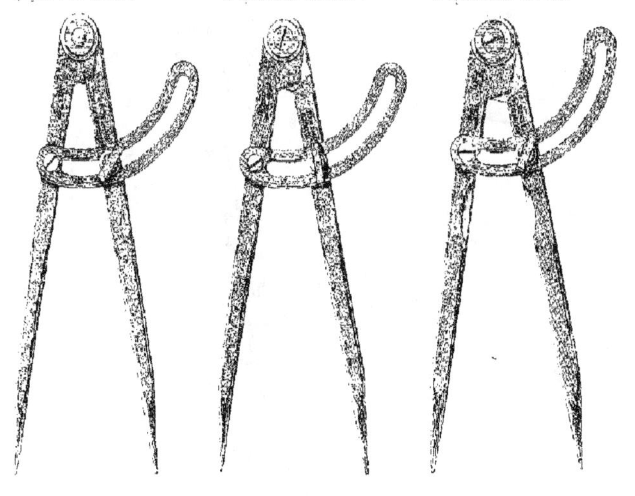

Echelle ¾

LES FILS DE PEUGEOT FRÈRES

COMPAS.

Nº 670 Compas droit au lion
à quart de cercle et vis de rappel

Nº 671, Compas droit 2 lions
à quart de cercle et vis de rappel.

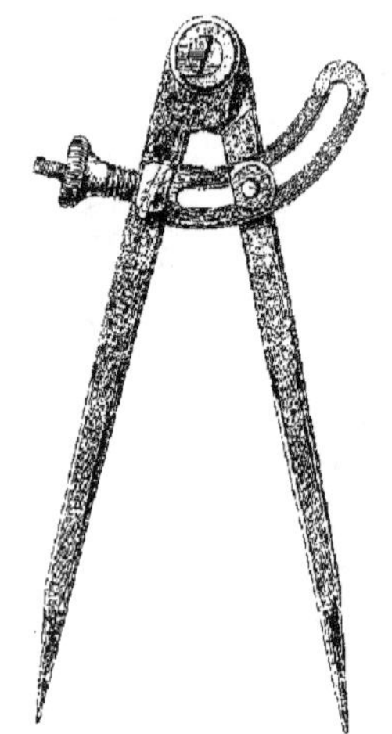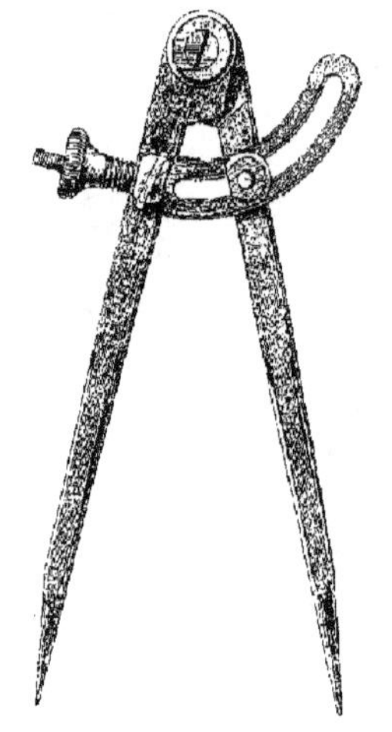

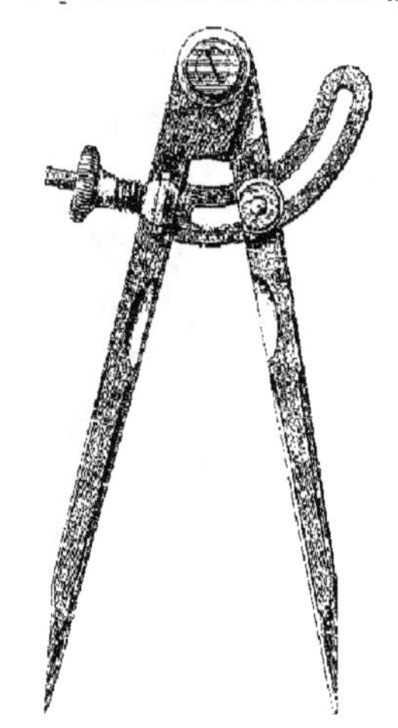

Nº 672, Compas droit 2 lions
à quart de cercle pointes rapportées.

Nº 673, Compas droit 2 lions
à quart de cercle pointes rapportées
et vis de rappel.

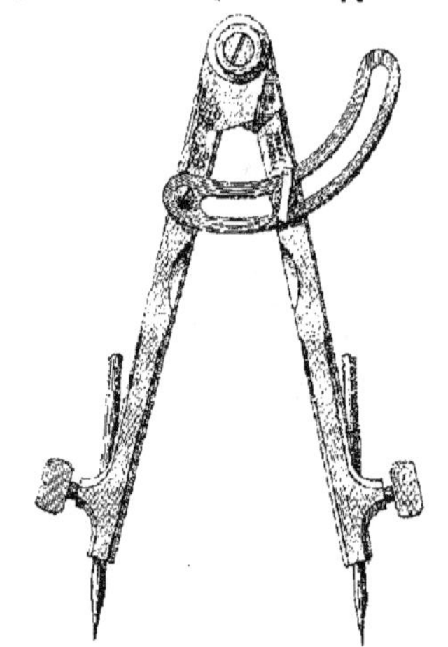

Echelle ¼

Imp. Girard & Fils, Paris   673

LES FILS DE **PEUGEOT FRÈRES**

COMPAS D'ÉPAISSEUR

N°. 680 Compas d'épaisseur
à la main.

N°. 681 Compas d'épaisseur
au lion

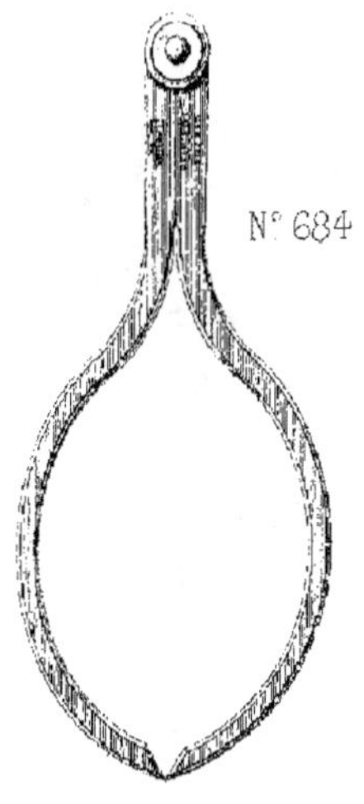

N° 684 Compas d'épaisseur quart de cercle
vis de rappel, au lion.

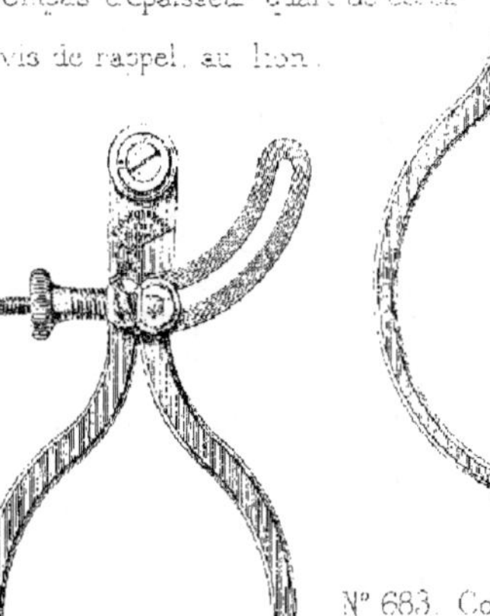

N°. 682. Compas d'épaisseur
quart de cercle à la main.

N°. 683. Compas d'épaisseur
quart de cercle au lion.

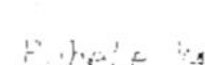

Échelle ¼

Imp. Girard & Fils Paris

LES FILS DE PEUGEOT FRÈRES

CLÉFS À ÉCROUS TOUT ACIER

Brevetées S. G. D. G.

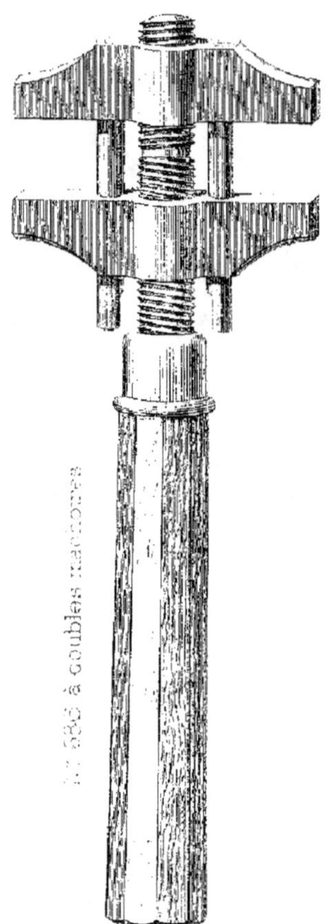

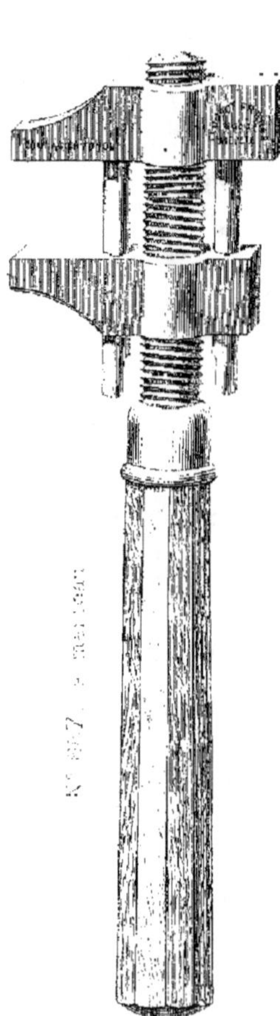

Imp. Gérard & Fils Paris

Les Fils de PEUGEOT FRÈRES

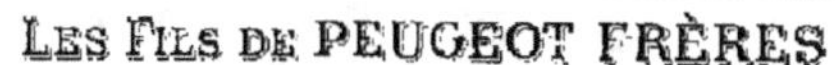

ARTICLES DIVERS

N° 691. Fausse équerre et Equerre pour Ebenistes

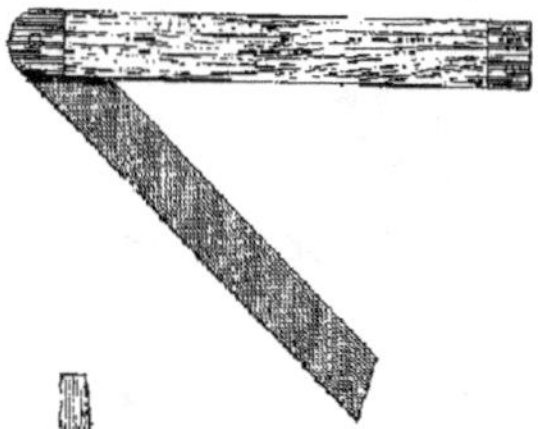

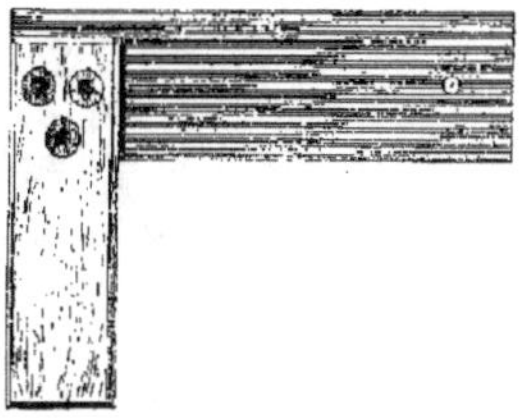

N° 695. Décametre et double décamètre pour Ingenieurs

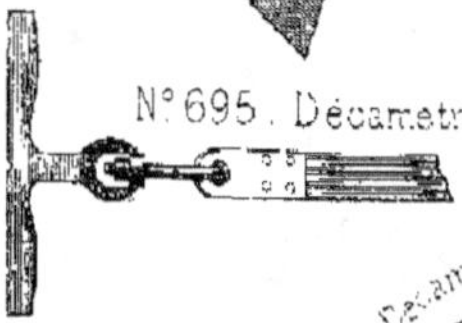

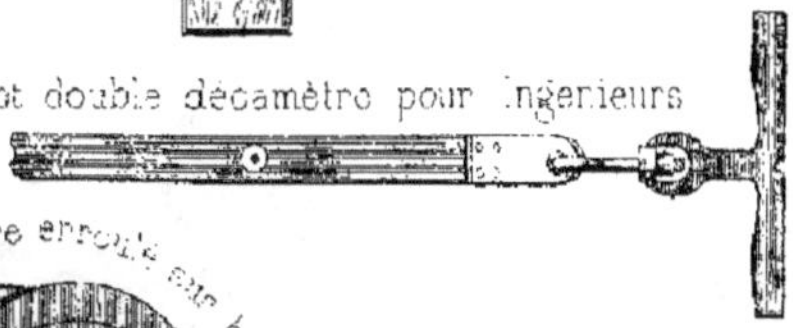

N° 699. Couteau à asperges.

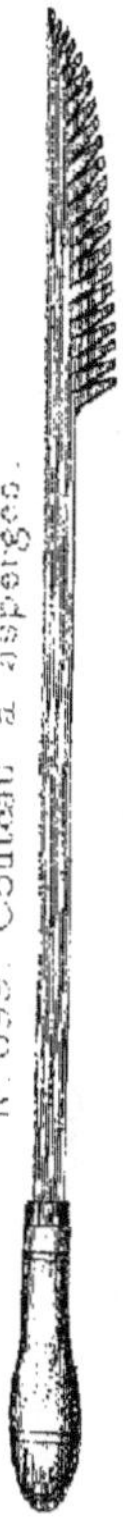

N° 696. Décametre enroulé sur bois.

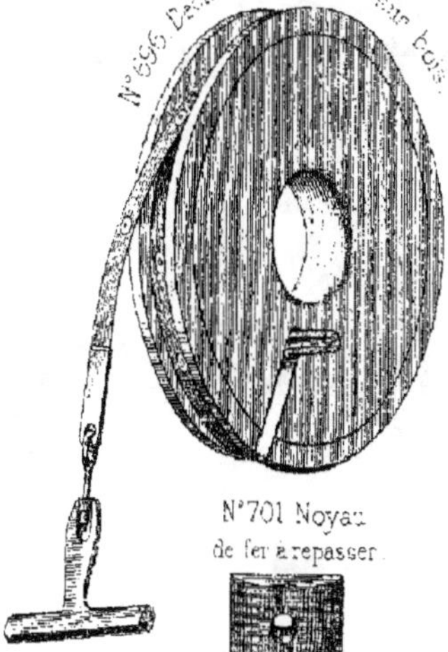

N° 698. Couteau à sucre.

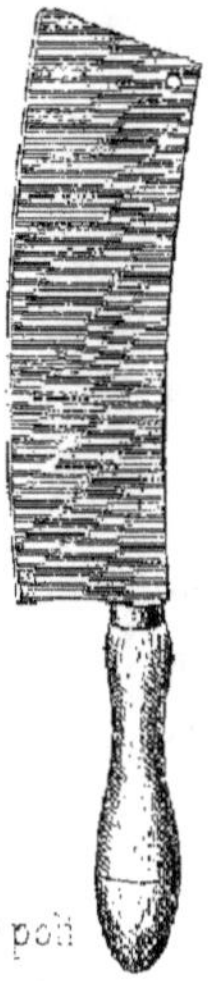

N° 701 Noyau de fer à repasser.

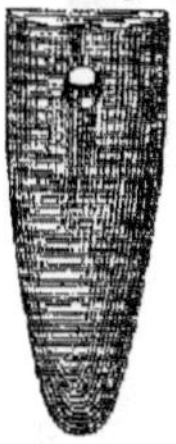

N° 700. Fer à repasser poli

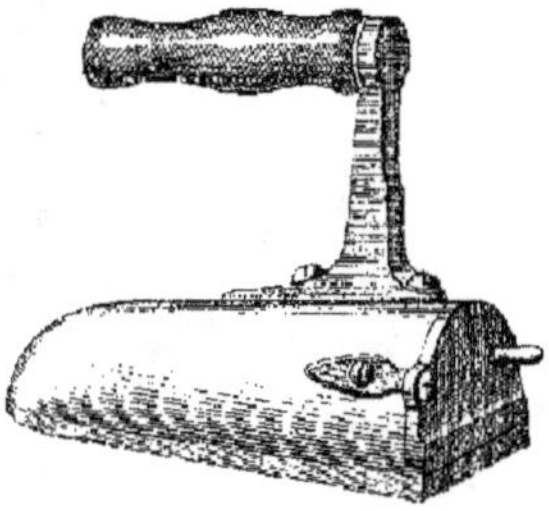

N° 702 Porte fer à repasser.

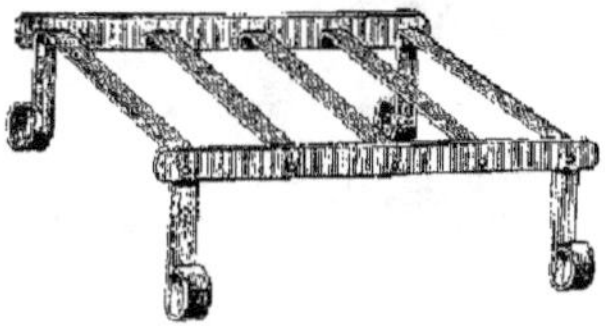

Échelle 1/7

Voir Tarif P. 27 & 28

Imp. Dumont & Fils Paris

LES FILS DE PEUGEOT FRÈRES

N° 705. ÉTAUX À MAIN
à Mâchoires parallèles . Brevetés S.G.D.G

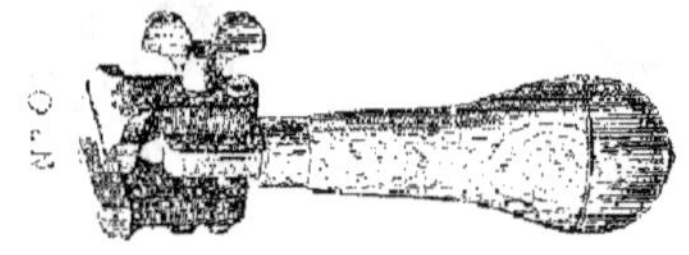

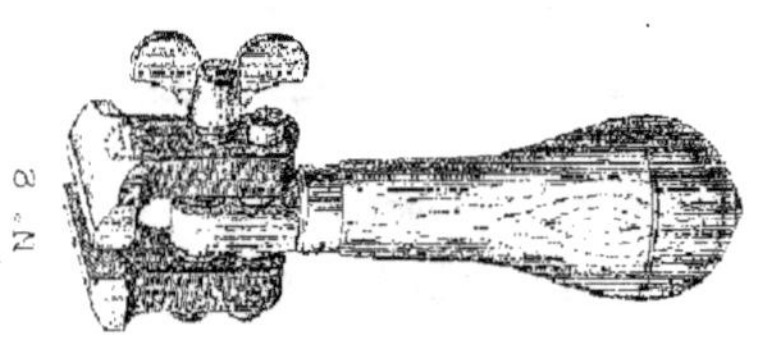

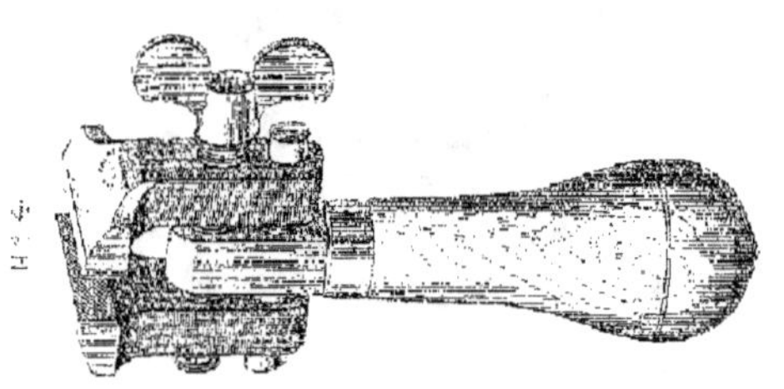

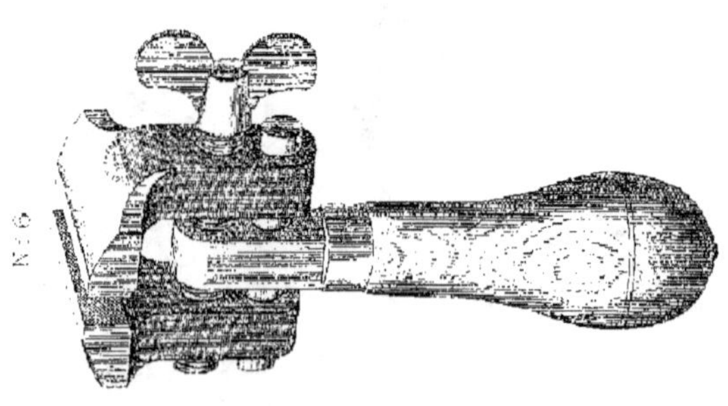

Echelle ¼

imp Girard & Fils Paris

LES FILS DE PEUGEOT FRÈRES

N° 707. ÉTAU À MAIN À AGRAFES

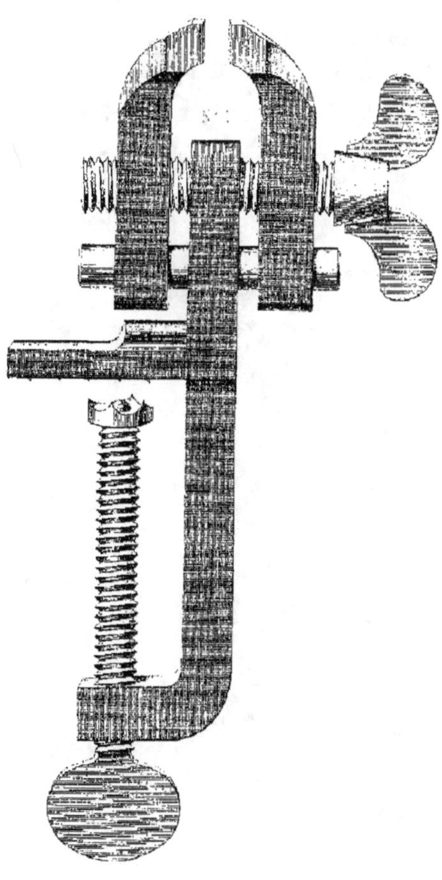

Grandeur ⅔

Voir Tarif P 28

LES FILS DE PEUGEOT FRÈRES

Nº 709
ÉTAU A AGRAFES
tout acier, mâchoires parallèles

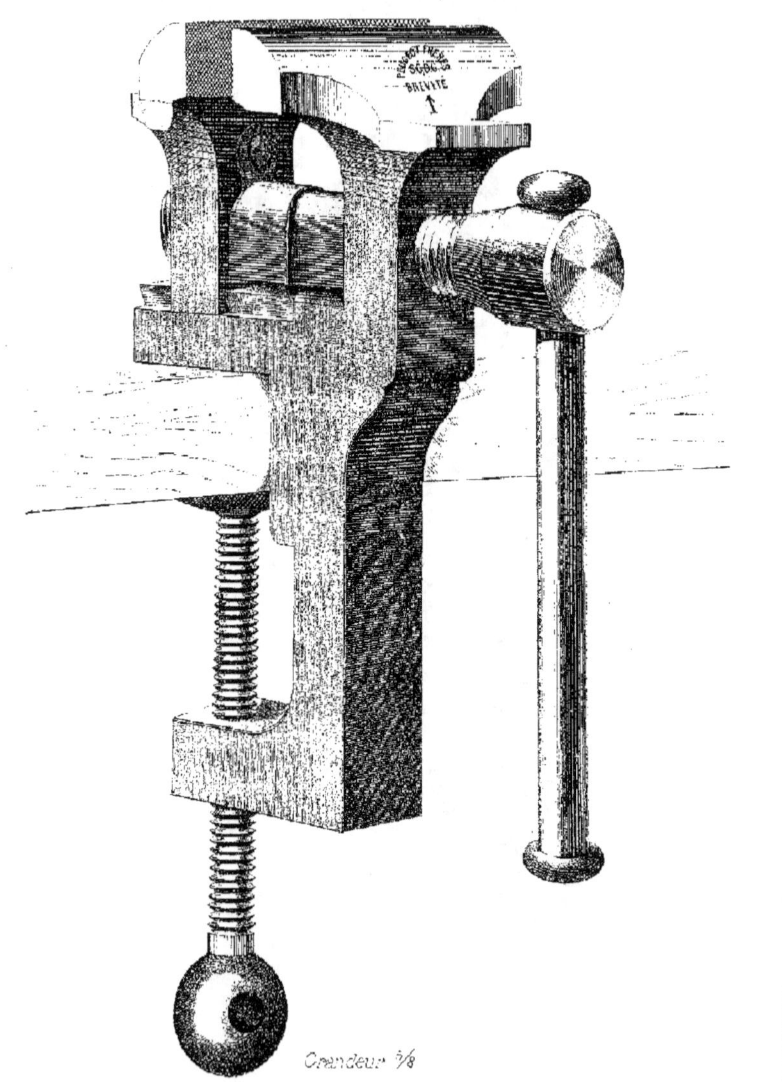

Voir Tarif P. 28

LES FILS DE PEUGEOT FRÈRES

FILIÈRES A BOIS, TARAUD CREUX
Perfectionnées.

N° 712. En bois

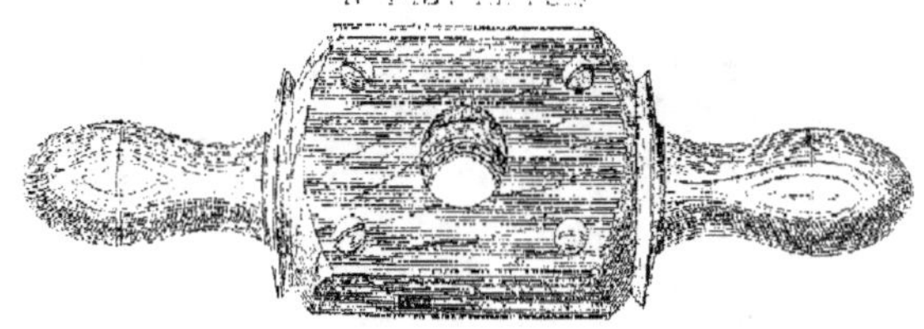

N° 713. En fonte au dessous de 35 %

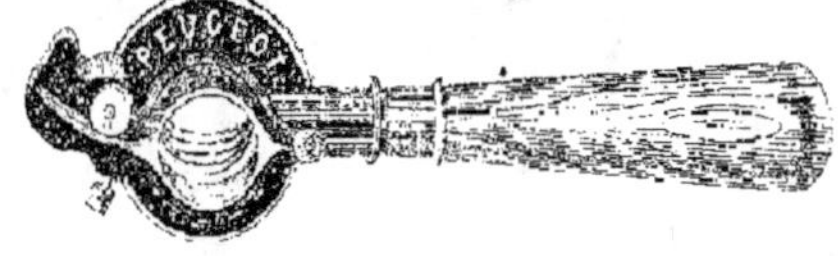

Echelle ⅓

LES FILS DE PEUGEOT FRÈRES

ARTICLES DIVERS

Nº 719. Joues ou languettes pour bouvets simples.

avec vis.

Nº 718. Garniture de bouvets à approfondir.

sans vis.

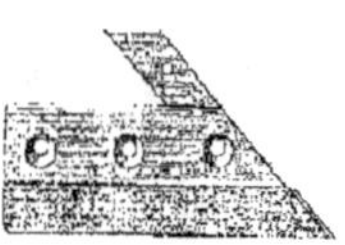

Fusils de bouchers.

Nº 723. avec manche corne ou os.

Nº 724. avec manche en acier.

Nº 725. avec manche en cuivre.

Nº 722. Grattoirs de peintres.

monté avec écrou

à lame rivée.

lame seule.

Nº 733. Chasse-pointes.

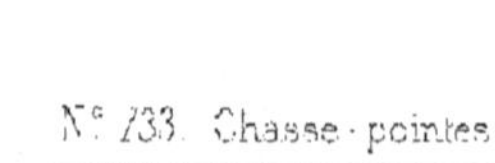

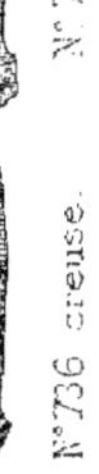
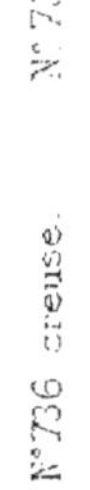

Echelle ½.

Voir Tarif 26 29 30 & 33

Imp. Girard & Fils, Paris.

LES FILS DE PEUGEOT FRÈRES

GOUGES

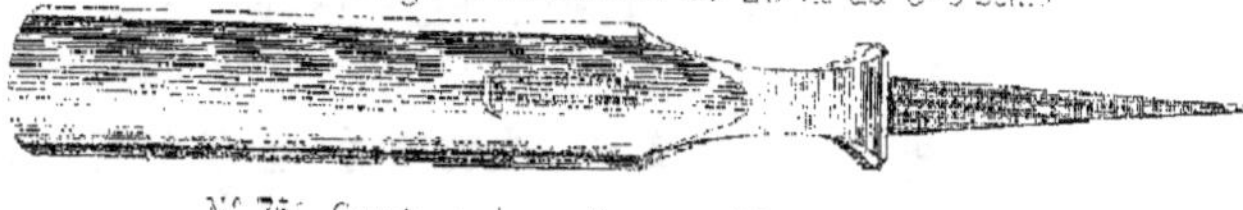

N° 750. Gouge à bouteilles de 25 m/m au Croissant

N° 751. Gouge à bouteilles de 25 m/m à deux Lions

N° 754. Gouge de tourneur de 22 m/m à deux Lions.

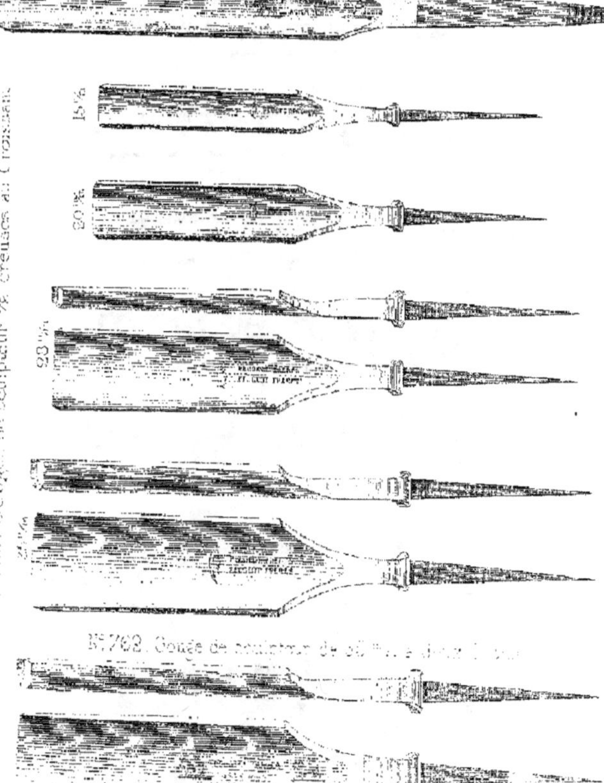

N° 780. Gouges de sculpteur 1/2 creuses au Croissant

N° 762. Gouge de sculpteur de 50 m/m à deux Lions

Échelle 1/4

Voir Tarif P. 29

LES FILS DE PEUGEOT FRÈRES

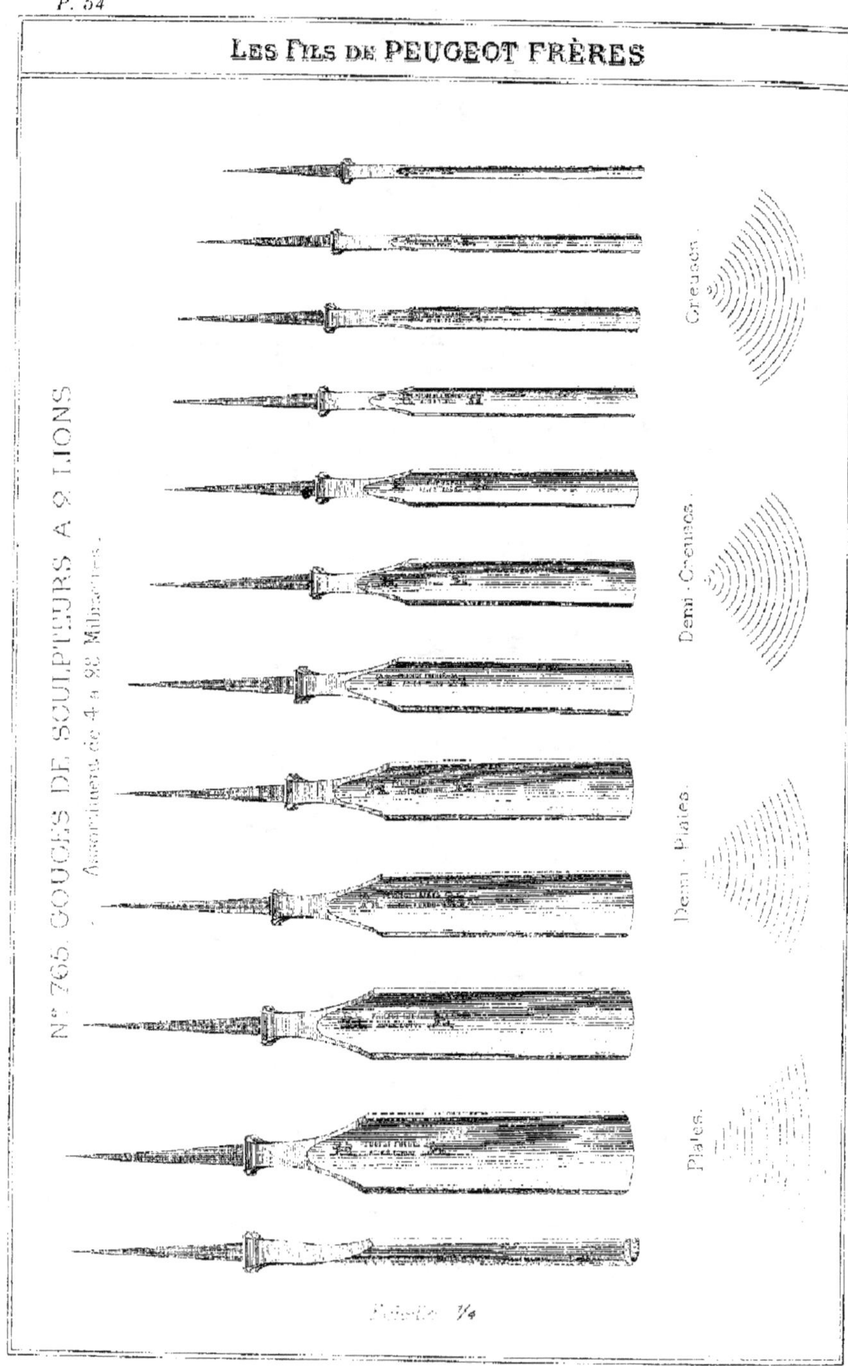

Voir Tarif P. 29

LES FILS DE **PEUGEOT FRÈRES**

ARTICLES DIVERS

N°770. Gratte-navire ordinaire monté avec écrou

N°771. Gratte-navire ordinaire lame rivée

N°772. Gratte-navire à lancre emmanché avec soie

N°773. Gratte-navire à lancre emmanché à douille

N°774. Lame seule à lancre

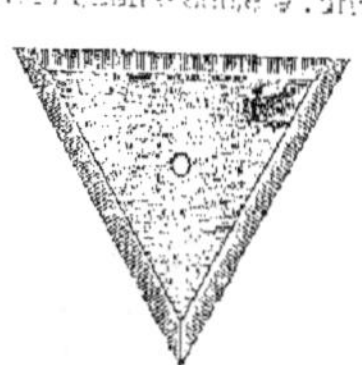

N°780. Tirefond pour Tourneur

N°775. Lame seule ordre

N°785. Pince à sonner la voie aux Scies
Modèle Perfectionné.

Tourillon de Scie

N°782. à la romaine

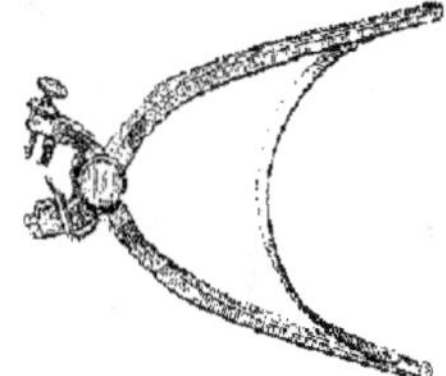

Tourillon de Scie

N°783. à écrou ordre

Échelle ¹⁄₁

LES FILS DE PEUGEOT FRÈRES

HACHES

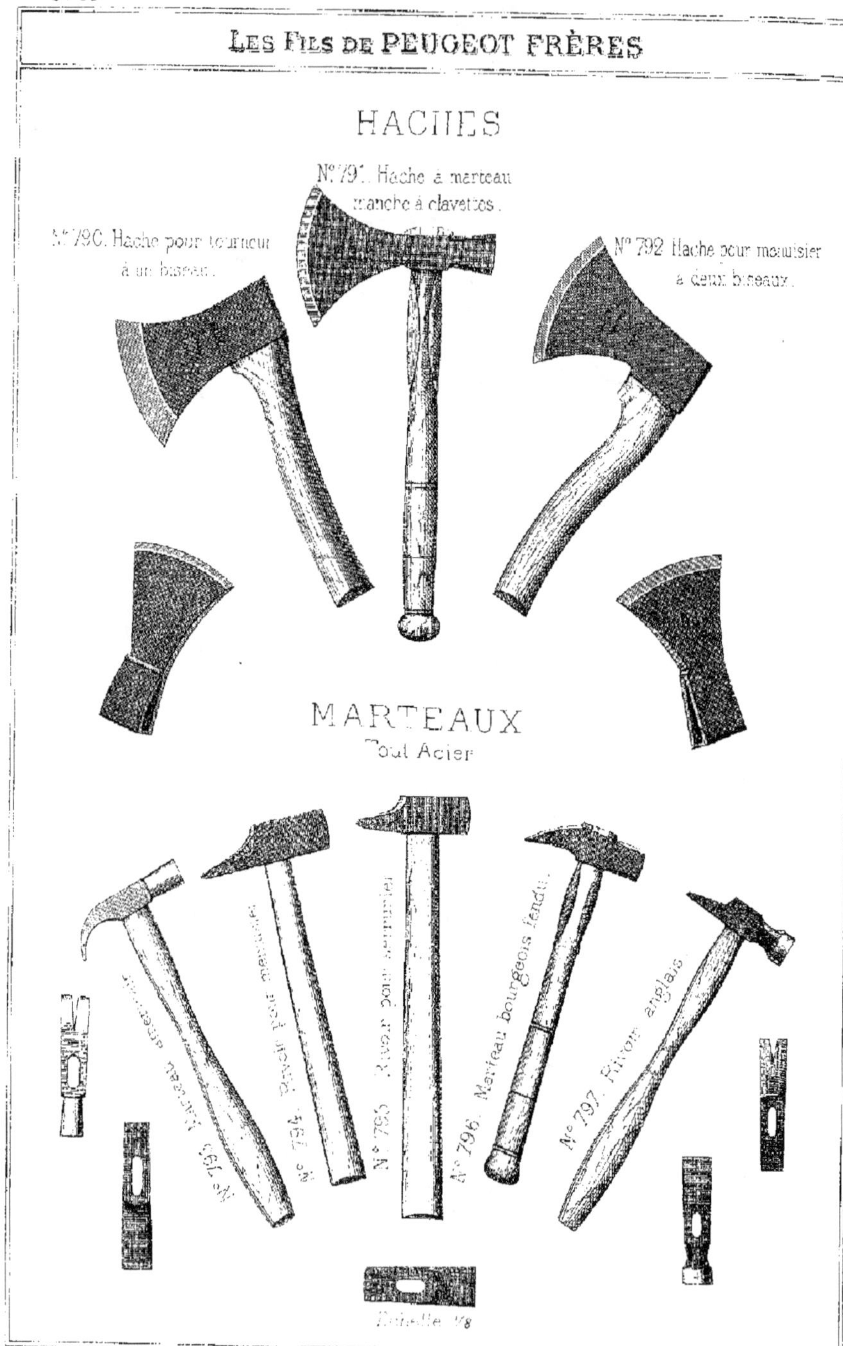

Imp Gérard & Fils Paris

LES FILS DE PEUGEOT FRÈRES

HACHOIRS

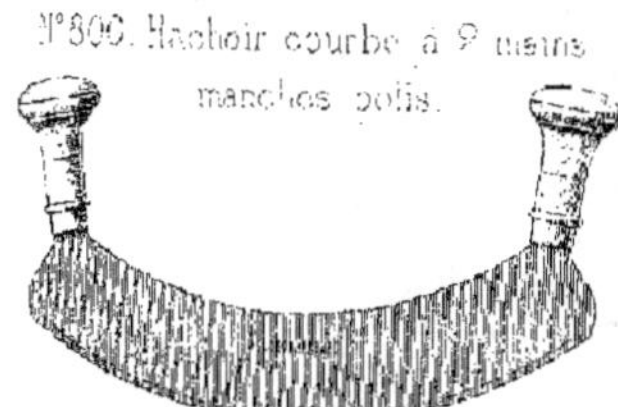

N°800. Hachoir courbe à 2 mains,
manches polis.

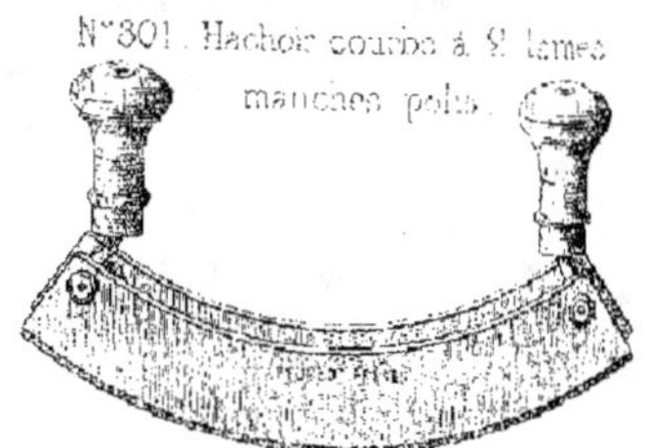

N°801. Hachoir courbe à 2 lames
manches polis.

N°802. Hachoir à une main, façon Brabant.

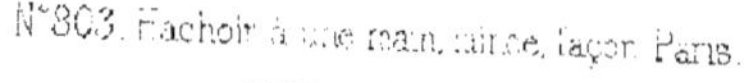

N°803. Hachoir à une main, mince, façon Paris.

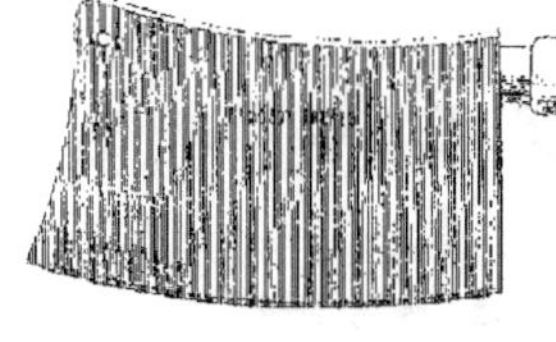

N°806. Couperet grand de 750 gr. manche poli.

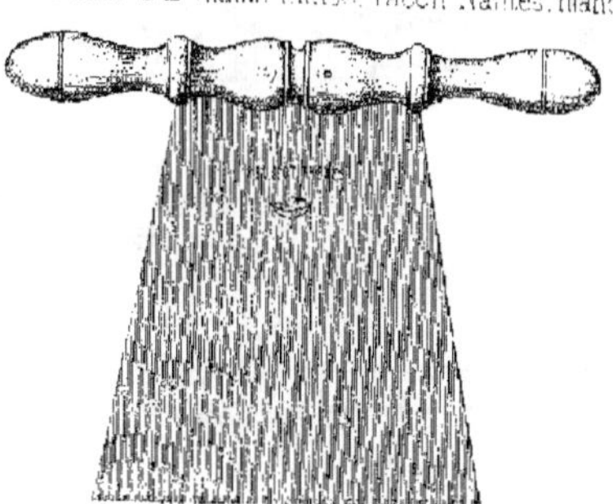

N°807. Hachoir à 2 mains, mince, façon Nantes, manche poli.

Echelle ⅓

LES FILS DE PEUGEOT FRÈRES

MÈCHES

N° 900 . Mèche à percer les barriques de 14 ᵐ/ₘ tête carrée

N° 901 . Mèche à 3 pointes au lion, noire de 15ᵐ/ₘ tête carrée .

N° 902 . Mèche à 3 pointes au croissant, polie de 15ᵐ/ₘ tête carrée

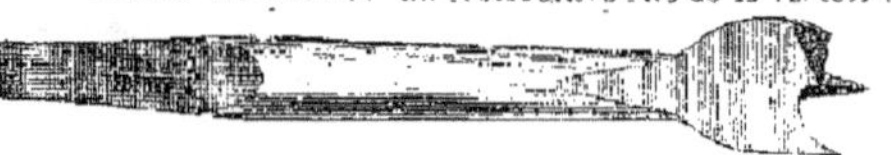

N° 903 . Mèche de menuisier, tête Carrée, long¹ ord⁶ 5ᵐ/ₘ

N° 904 . Mèche de menuisier, tête Carrée, long¹ ord⁶ 10ᵐ/ₘ

N° 905 . Mèche de menuisier, tête plate, long¹ ord⁶ 10ᵐ/ₘ

N° 906 . Mèche de menuisier, noire, façon suisse tête Carrée, long¹ ord⁶ 10ᵐ/ₘ

N° 907 . Mèche de tourneur, tête Carrée, noire de 10ᵐ/ₘ

N° 908 . Mèche de tourneur, tête plate, noire de 10ᵐ/ₘ

N° 910 . Mèche à ferrer, noire tête Carrée, façon ord⁶ 16/10

N° 911 . Mèche à ferrer, noire tête Carrée, façon suisse 16/10

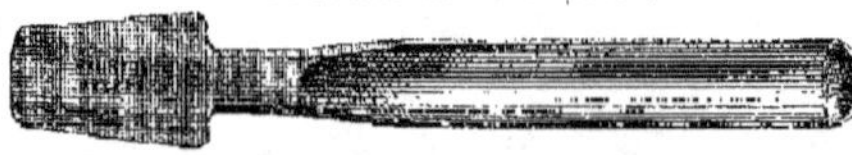

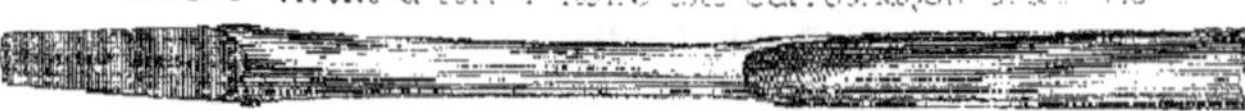

N° 912 . Mèche à brique, noire de 16/10

N° 913 . Mèche à pierre, noire de 16/10

Échelle ½

Voir Tarif 31 & 32

LES FILS DE PEUGEOT FRÈRES

PLANES

N° 920. Plane à un biseau à la main.

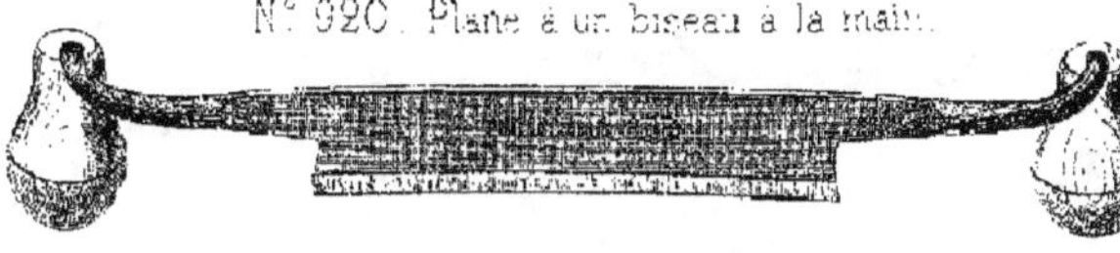

N° 921. Plane à un biseau au Croissant.

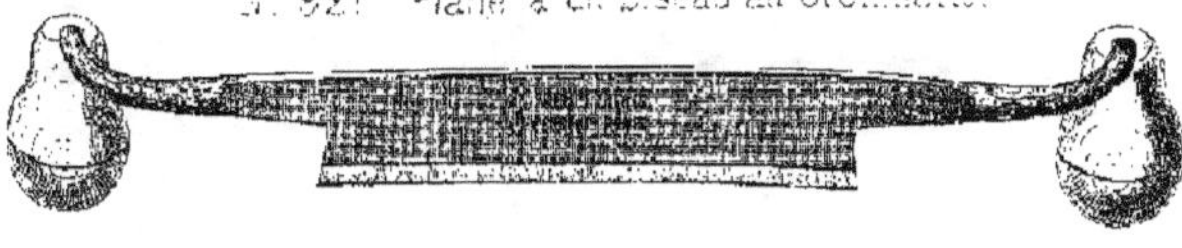

N° 922. Plane à un biseau à deux Lions.

N° 923. Plane à deux biseaux au Croissant.

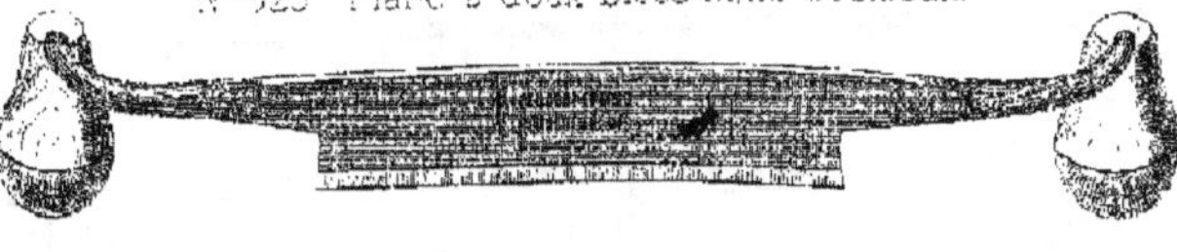

N° 924. Plane à deux biseaux à deux Lions.

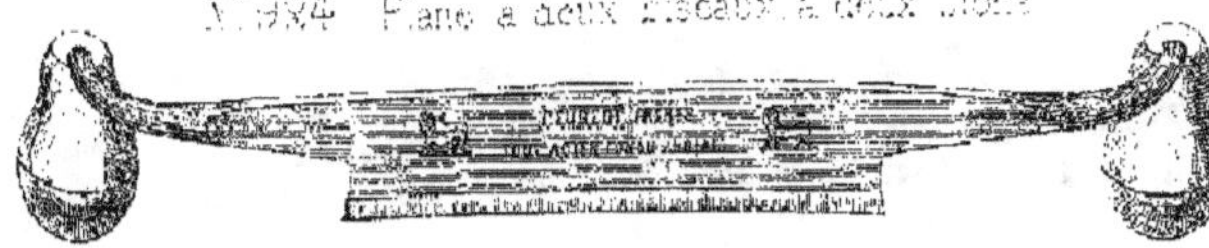

N° 925. Plane avec Marques Lyon Lézine à deux biseaux deux Lions.

N° 926. Plane à deux biseaux au Croissant avec manches droits.

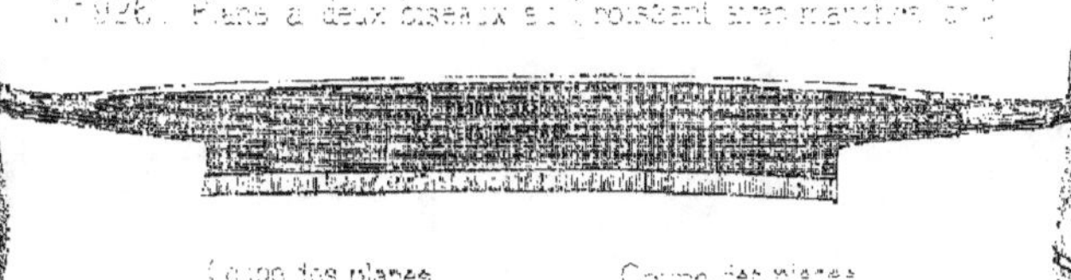

Coupe des planes à un biseau   Coupe des planes à deux biseaux

Echelle ½

LES FILS DE PEUGEOT FRÈRES

ARTICLES DIVERS

N° 930. Sarcloir pour Jardinier.

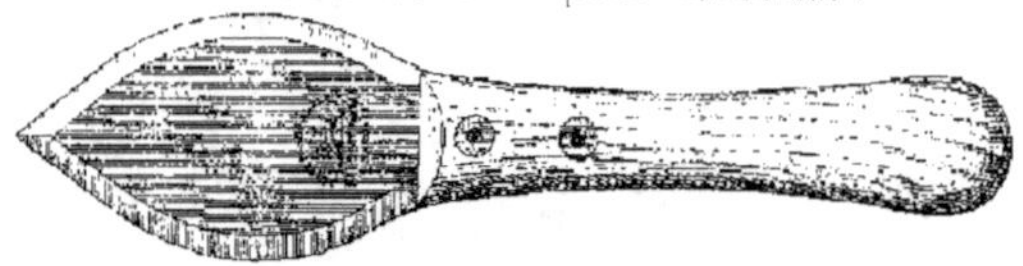

N° 931. Tranchet de Cordonnier.

N° 933. Conduit du ressort de porte.

N° 932. Ressort de porte.

Rognepieds

N° 939. Tout acier fondu.

Tarières

N° 940. Torse à douille.

N° 941. Creuse à tête.

Échelle ¼.

LES FILS DE PEUGEOT FRÈRES

TOURNE-A-GAUCHE

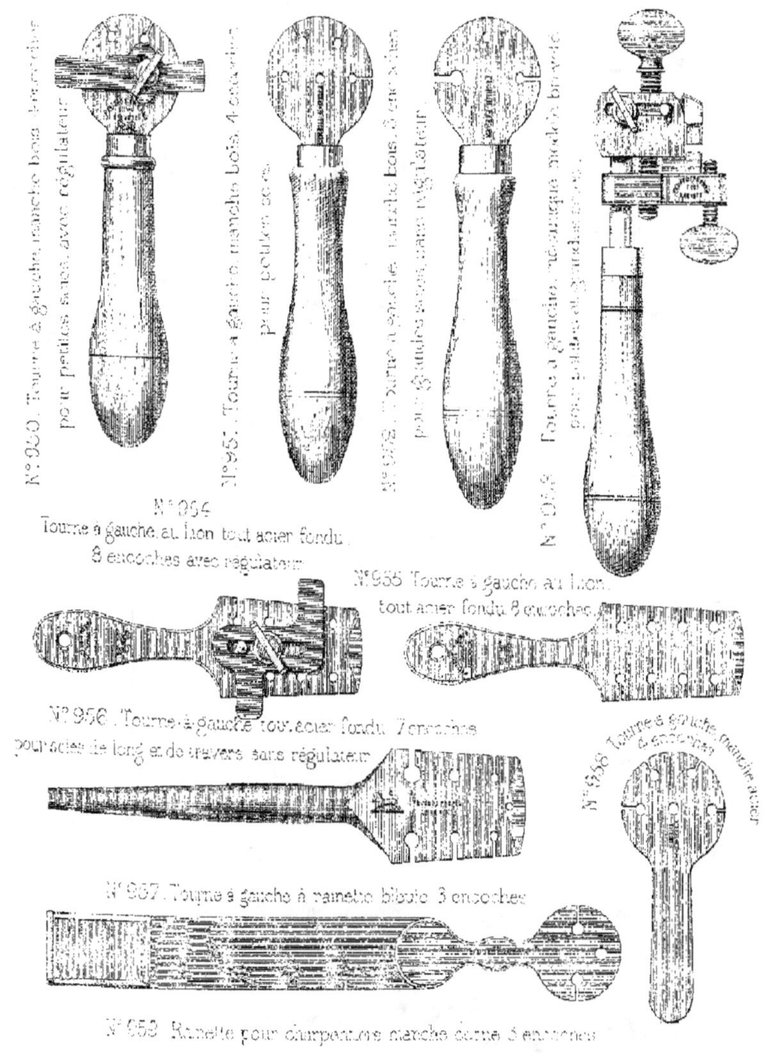

LES FILS DE PEUGEOT FRÈRES

TOURNE-VIS

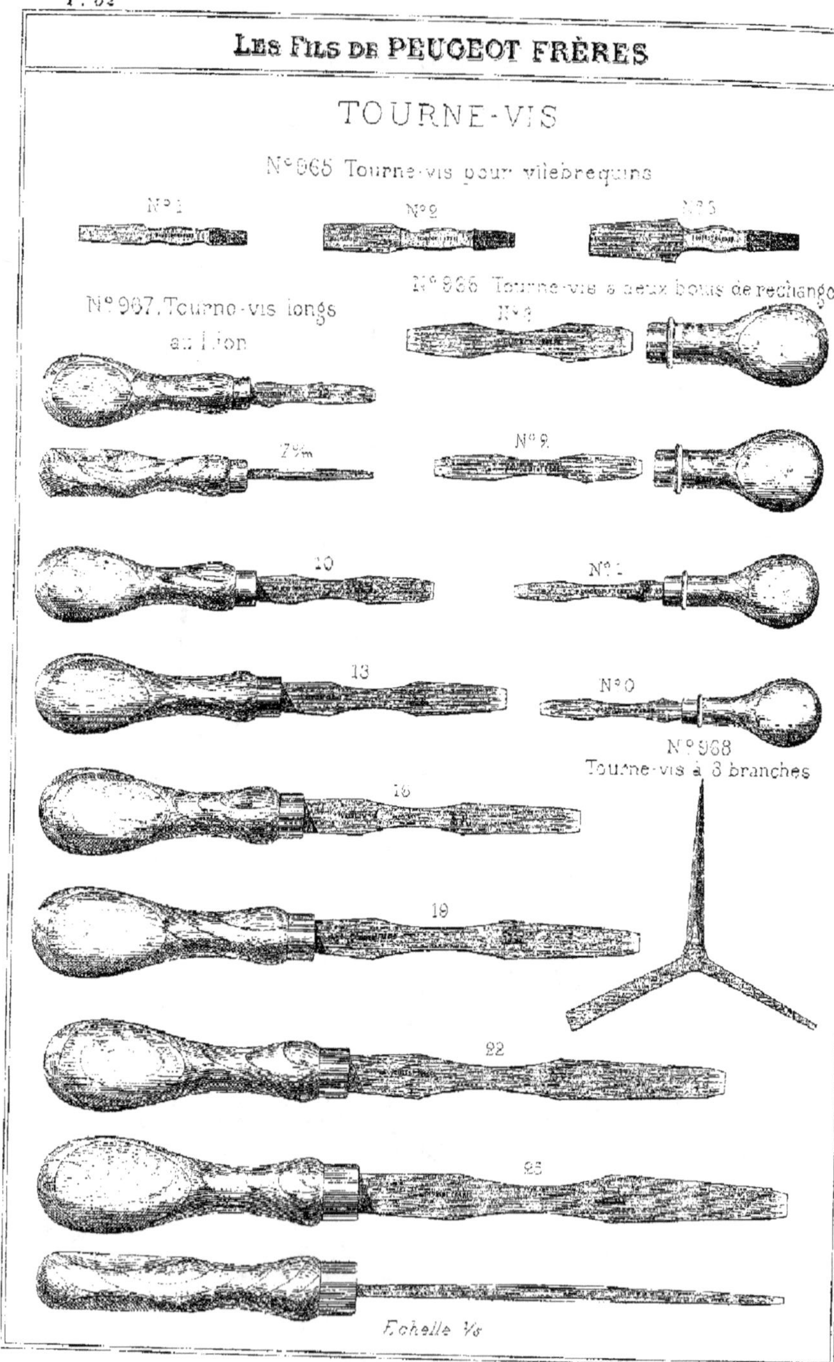

LES FILS DE PEUGEOT FRÈRES

TRUELLES

Nº 975. Truelle pr maçon creuse noire à queue forgée à la main.

Nº 976. Truelle pour maçon creuse noire à queue rivée à la main.

Nº 977. Truelle pour maçon carrée au Lion à queue rivée.

Nº 978. Truelle pour plâtrier carrée au Lion à queue rivée.

Nº 979. Truelle pour plâtrier pointue au Lion à queue rivée.

Nº 980. Truelle pour maçon ronde au Lion à queue rivée.

Nº 981. Truelle pour jardinier dite Transplantoir lame bleue.

Nº 982. Truelle pour maçon à la Toulousaine au Lion à queue rivée.

Nº 983. Lame seule carrée au Lion

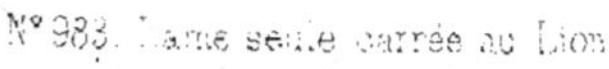

Nº 984. Lame seule pointue au Lion.

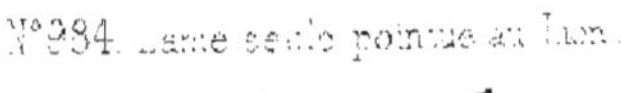

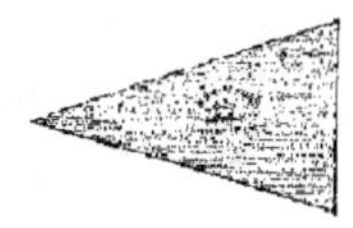

Échelle 1/8

Imp Girard & Fils Paris.

LES FILS DE PEUGEOT FRÈRES

TRUELLES

N° 985. Truelle à queue forgée
plâtrier au Lion.

N° 986. Truelle à queue forgée
carrée pour plâtrier
au Lion, poignée ordinaire.

N° 987. Truelle à queue forgée
ronde pour maçon
au Lion.

N° 988. Truelle à queue forgée
carrée pour maçon
au Lion.

N° 989. Truelle à queue forgée
Marseillaise pour maçon
manche bois au Lion.

N° 990. Truelle à queue forgée
Lyonnaise carrée pour plâtrier
à deux viroles au Lion.

N° 991. Truelle Narbonnaise
ronde à queue forgée
manche noir au Lion.

N° 992. Truelle façon bayonne
ronde à queue forgée,
au Lion pour maçon.

Echelle 1/8

Imp. Girard & Fils Paris

LES FILS DE **PEUGEOT FRÈRES**

VASTRINGUES

Nᵒ 1000. Vastringue à monture ordinaire au Lion
sans garniture

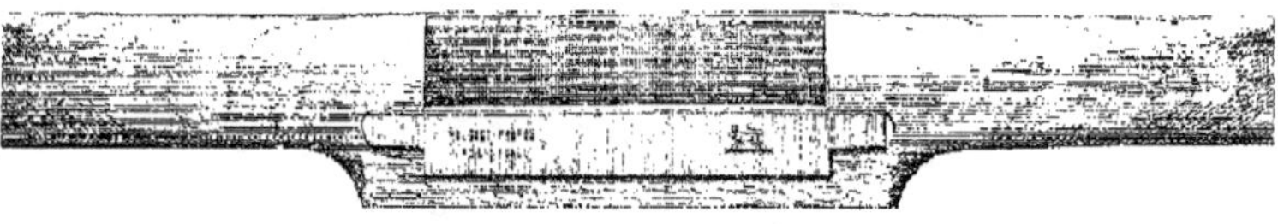

Nᵒ 1001. Vastringue à monture ordinaire au Lion
garnie de cuivre

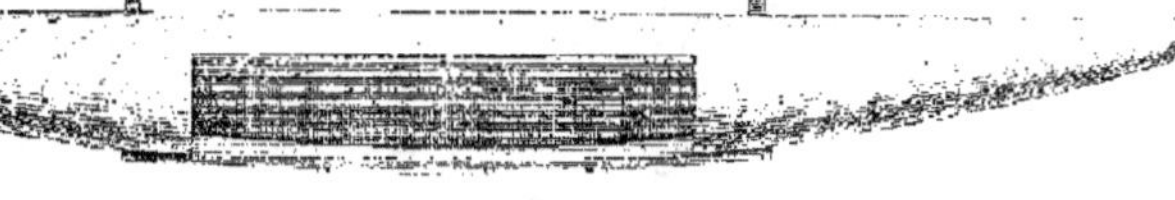

Nᵒ 1002. Vastringue à monture ordinaire, au Lion
garnie des...

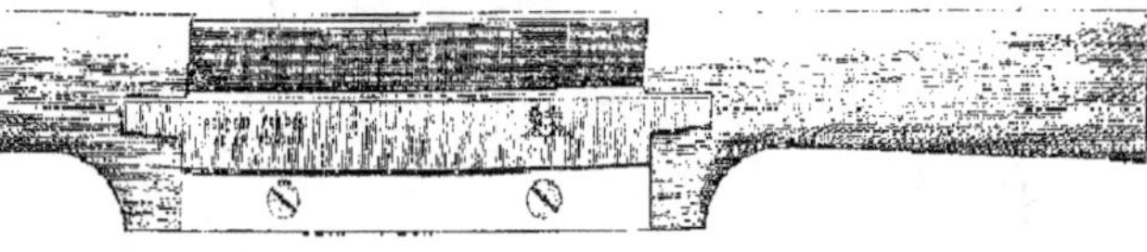

Nᵒ 1003. Vastringue à monture à écrou au Lion
garnie de cuivre

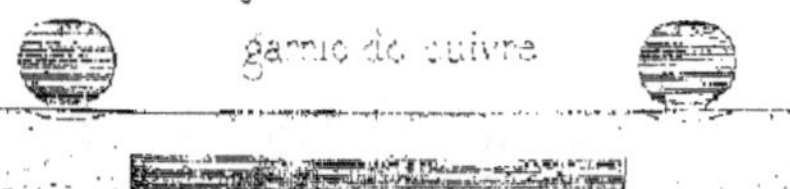

Nᵒ 1004. Vastringue à monture à écrou au Lion
garnie des...

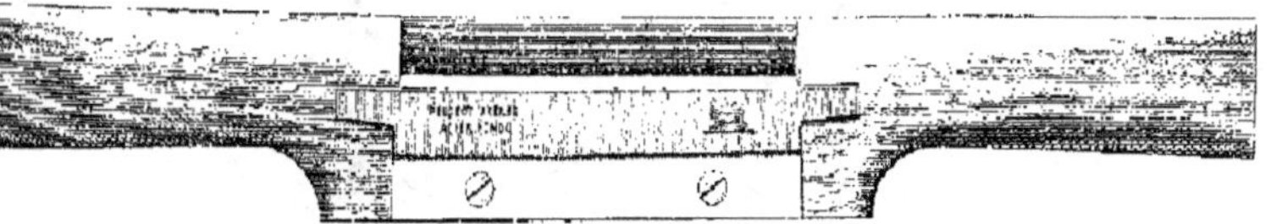

Échelle ¼

Voir Tarif P. 35

LES FILS DE PEUGEOT FRÈRES

VILBREQUINS

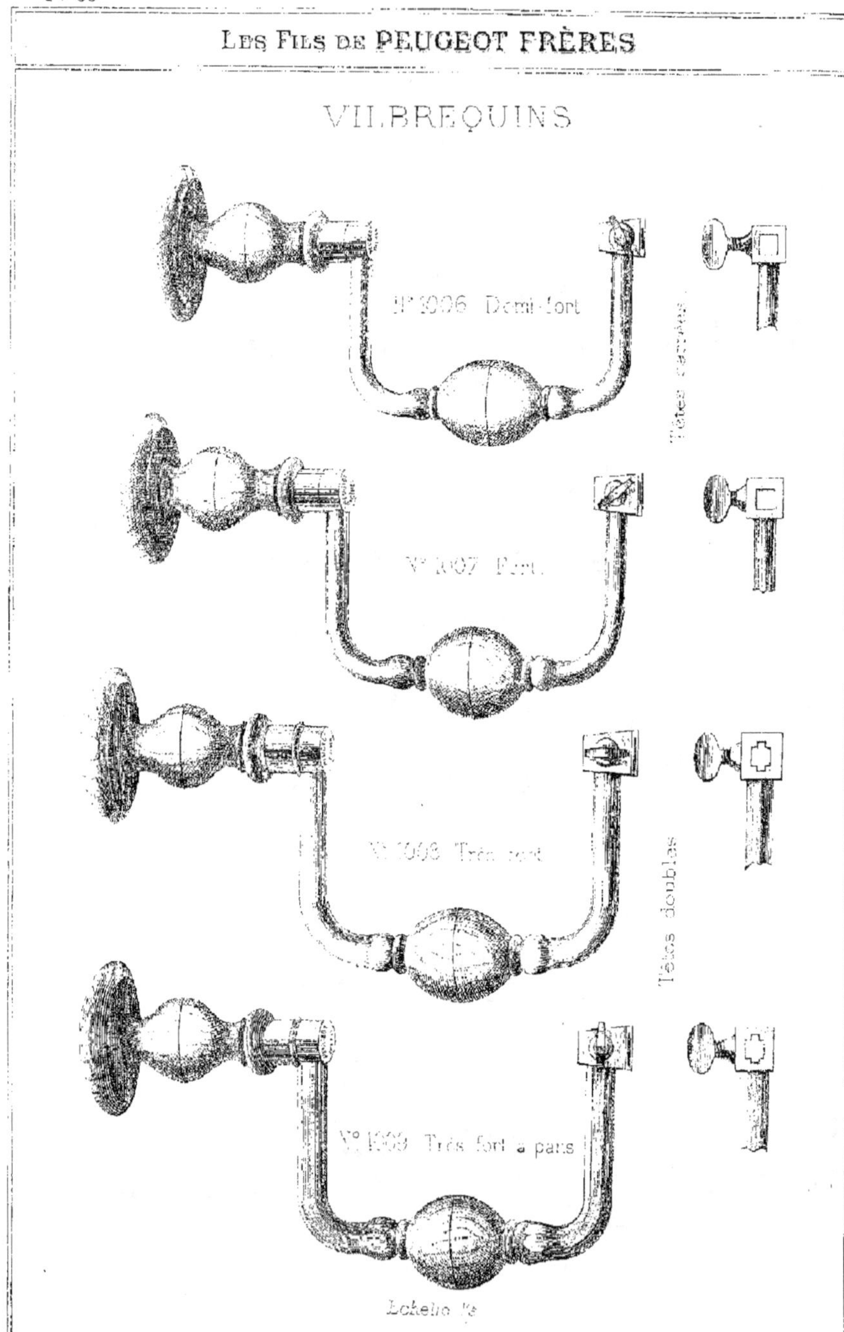

Imp. Girard & Fils Paris

LES FILS DE PEUGEOT FRÈRES

TONDEUSES
pour Chevaux

Modèle PEUGEOT FRÈRES
PARIS
à barrette brevetée

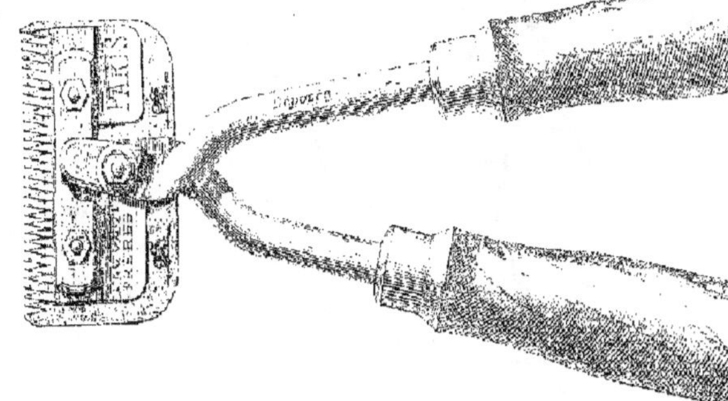

sans barrette
Modèle CLARK

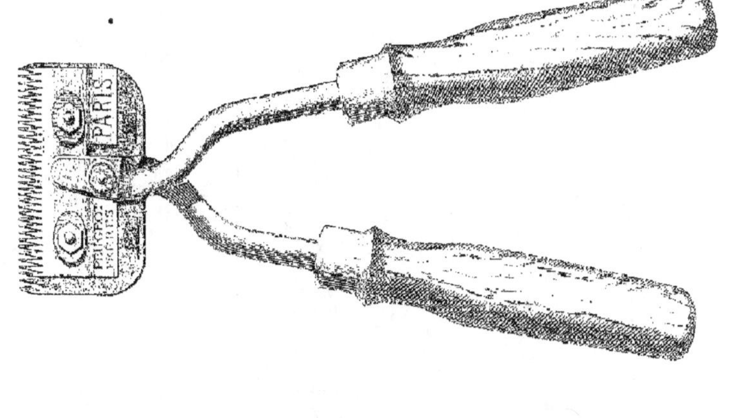

Grandeur ¼

Voir Tarif P. 35

LES FILS DE PEUGEOT FRÈRES

BOUVETS

N° 1020. Bouvet simple ordinaire.

N° 1022. Bouvet simple de parqueteur.

N° 1024. Bouvets à approfondir
jeu de 4 à 14 %.

N° 1026. Bouvet double, force ordinaire.

N° 1028. Bouvet double renforcé

N° 1029. Bouvet double, façon Anglaise

N° 1030. Bouvet double façon Brabant.

Echelle 1/4.

Voir Tarif P. 36

LES FILS DE PEUGEOT FRÈRES

OUTILS BREVETÉS

N° 1035. Guillaume carré.   N° 1036. Guillaume plate-bande

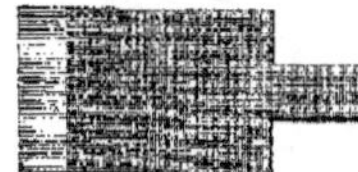 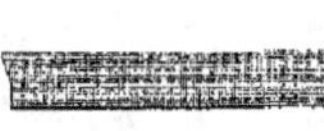 

N° 1037. Fer à couvre-joints.

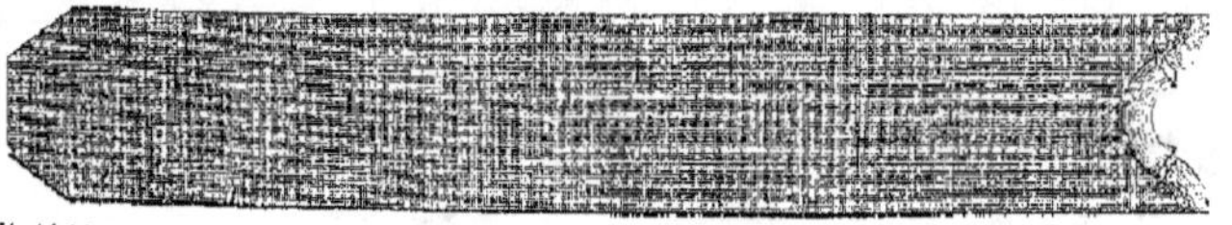

N° 1038	N° 1039	N° 1040	N° 1041	N° 1042
Feuilleret ordinaire.	Feuilleret renforcé.	Fer Oblique.	Grain d'orge.	Rabot rond.

 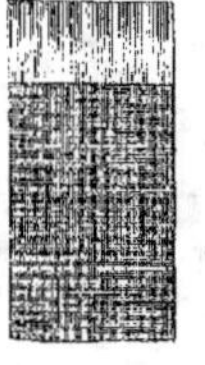   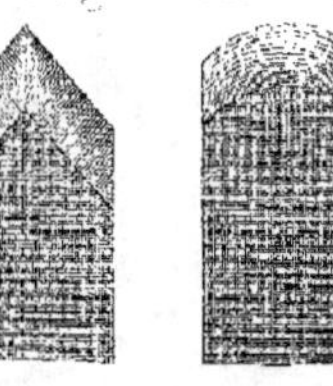

N° 1043	N° 1044	N° 1045	N° 1046	N° 1047	N° 1048
Mouchette.	Quart de rond.	Tarabisco.	Rectume.	Gouchette.	Gouchette double.

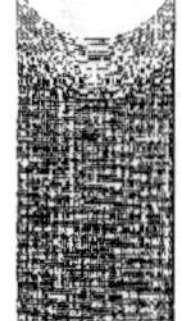 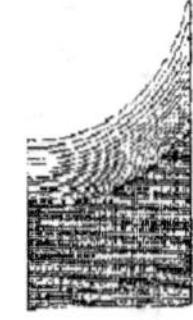   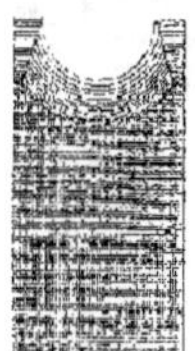 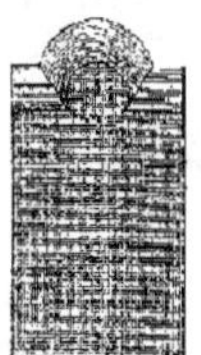

N° 1049   N° 1050. DOUCINES   N° 1051 BOUDINS à BAGUETTES

Gouchette simple.   Simple   à Baguette   à noix rond   à noix carré   N° 1052. Boudin.

  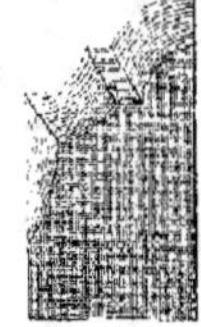 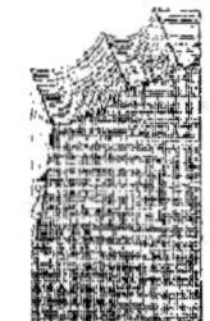 

Echelle ⅙

Voir Tarif P. 36

LES FILS DE **PEUGEOT FRÈRES**

FERS DE COLOMBES

N° 1060 — Colombe au Couteau de 100 m/m

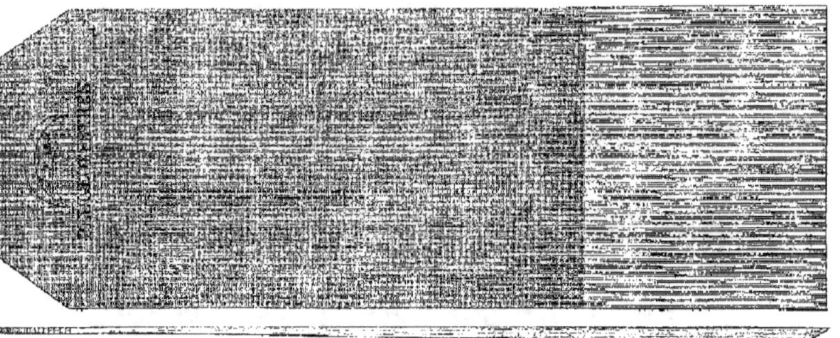

N° 1061 — Colombe au Lion de 100 m/m

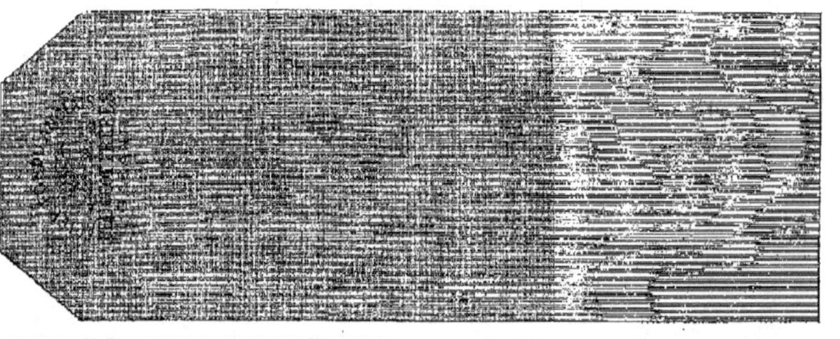

N° 1062 — Colombe au Lion double bague vis de 100 m/m

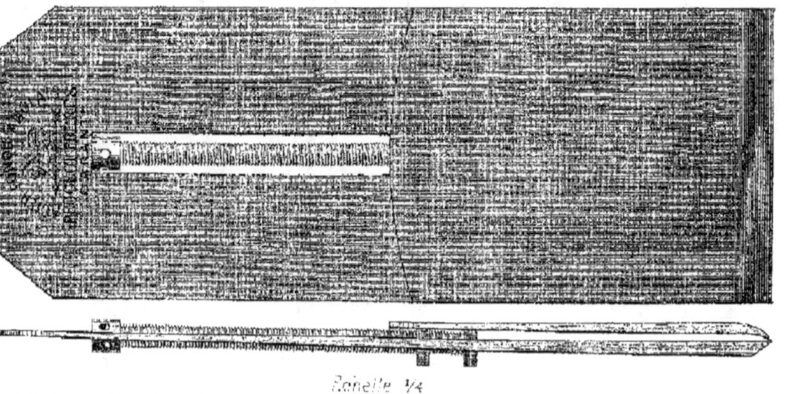

Echelle 1/4

Voir Tarif P. 37

Les Fils de PEUGEOT FRÈRES

FERS DE COLOMBES

Nº 1063 Colombe double épurée de 100 m/m ou bien contrefer tournant la moitié de la largeur

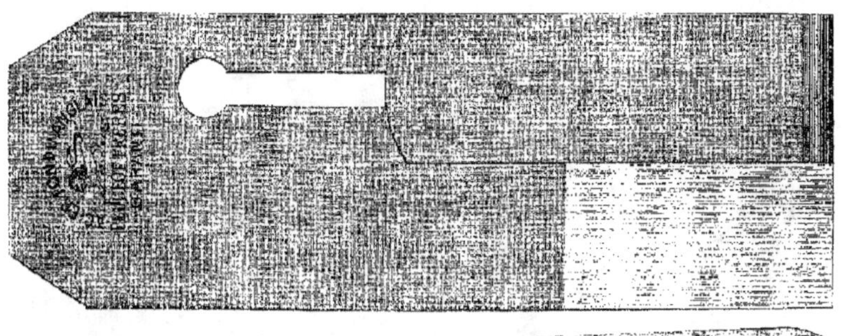

Nº 1064 Colombe double 87 de 100 m/m ou bien contrefer moyen tournant la largeur

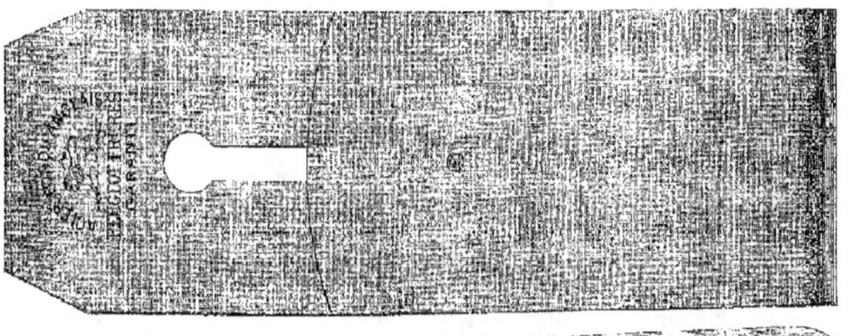

Nº 1065 Colombe double 87 de 100 m/m ou bien contrefer fort tournant pour avoir toute la largeur

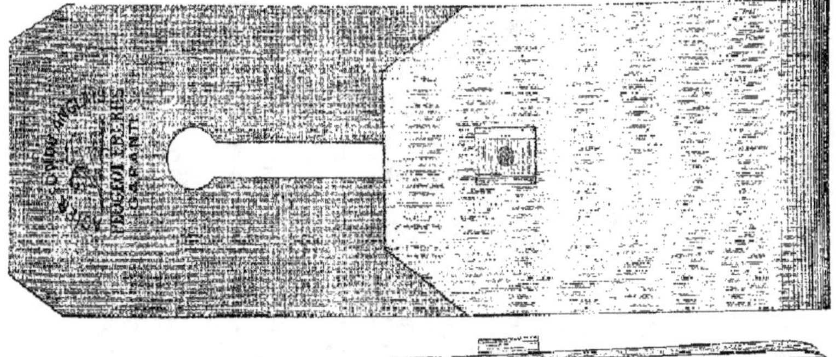

Echelle ¼

RABOTS

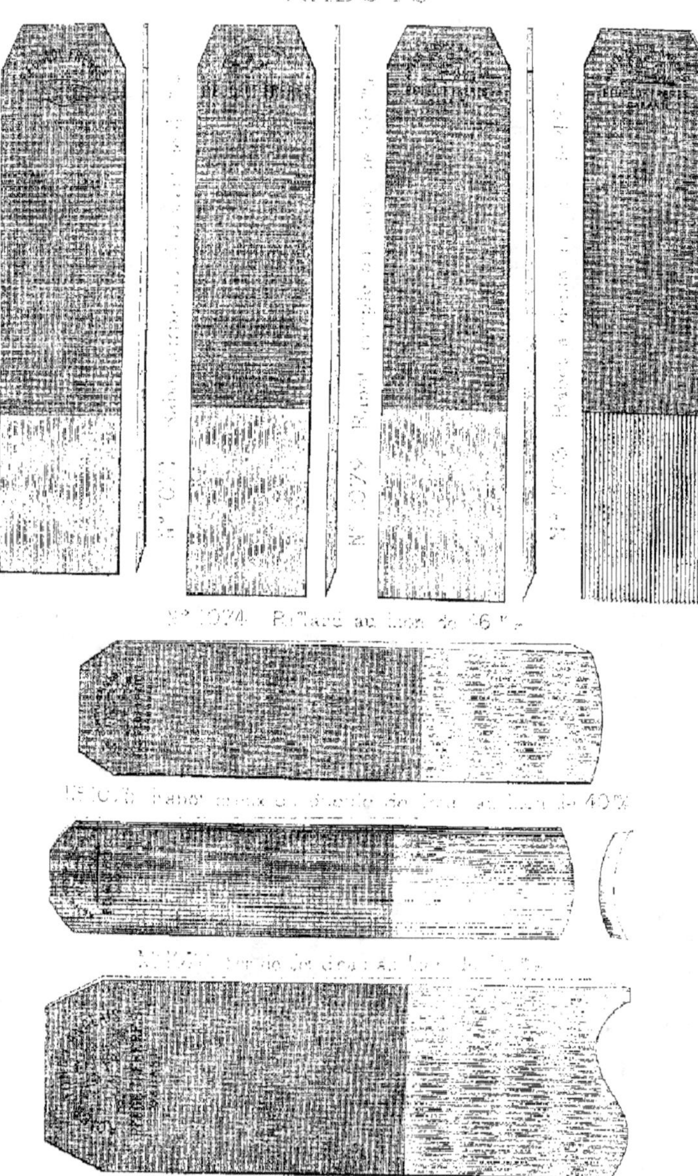

LES FILS DE PEUGEOT FRÈRES

RABOTS

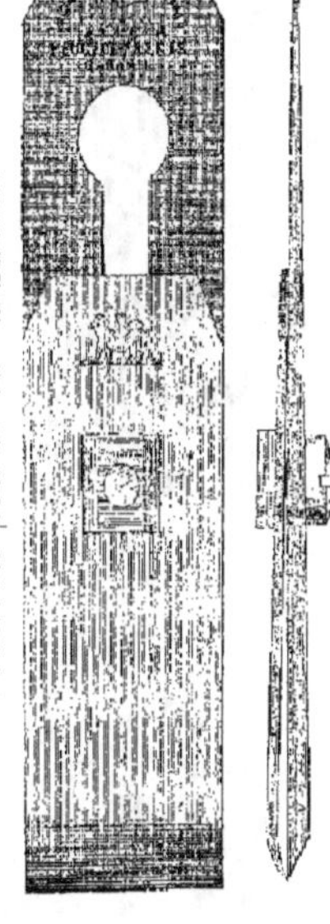

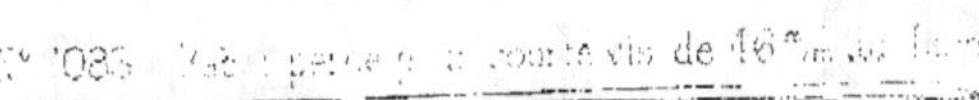

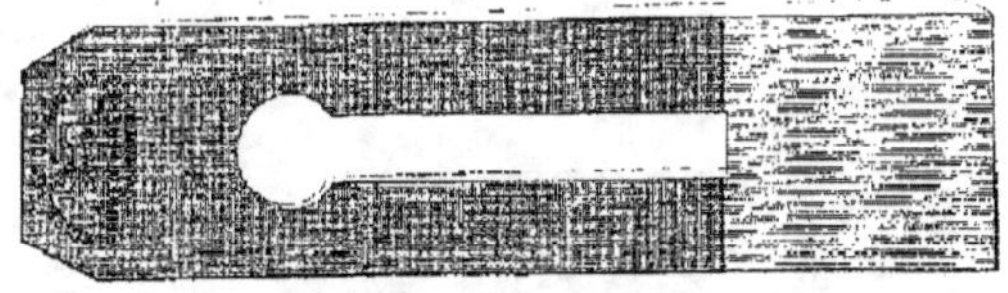

LES FILS DE PEUGEOT FRÈRES

RABOTS MÉCANIQUES

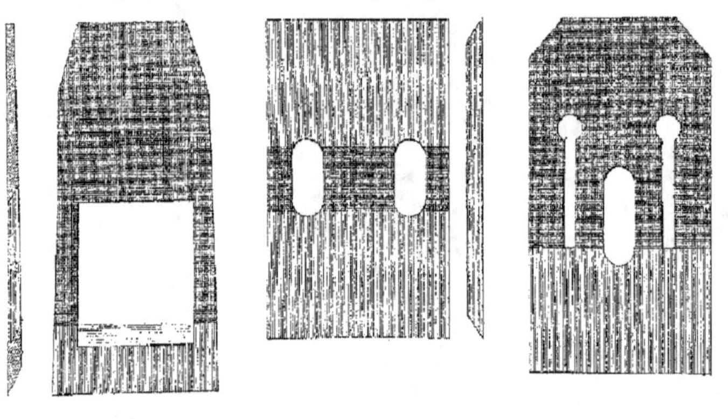

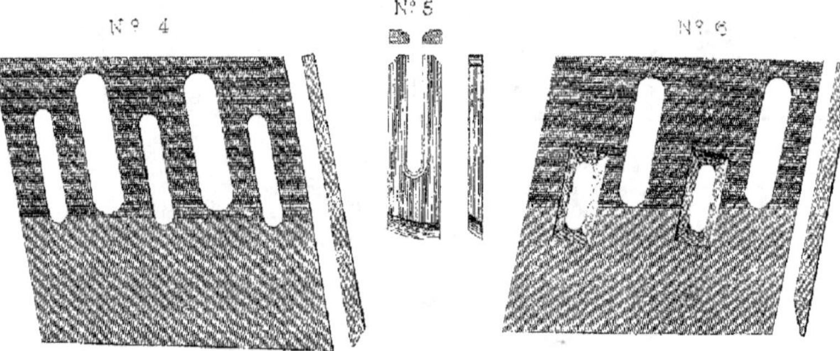

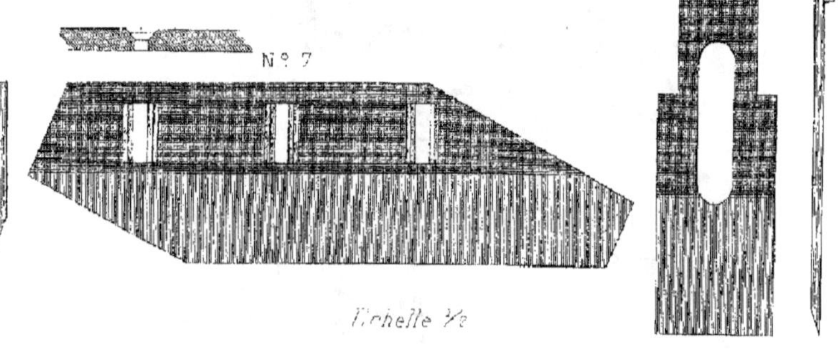

Imp. Gérard & Fils. Paris.

LES FILS DE PEUGEOT FRÈRES

RABOTS MÉCANIQUES

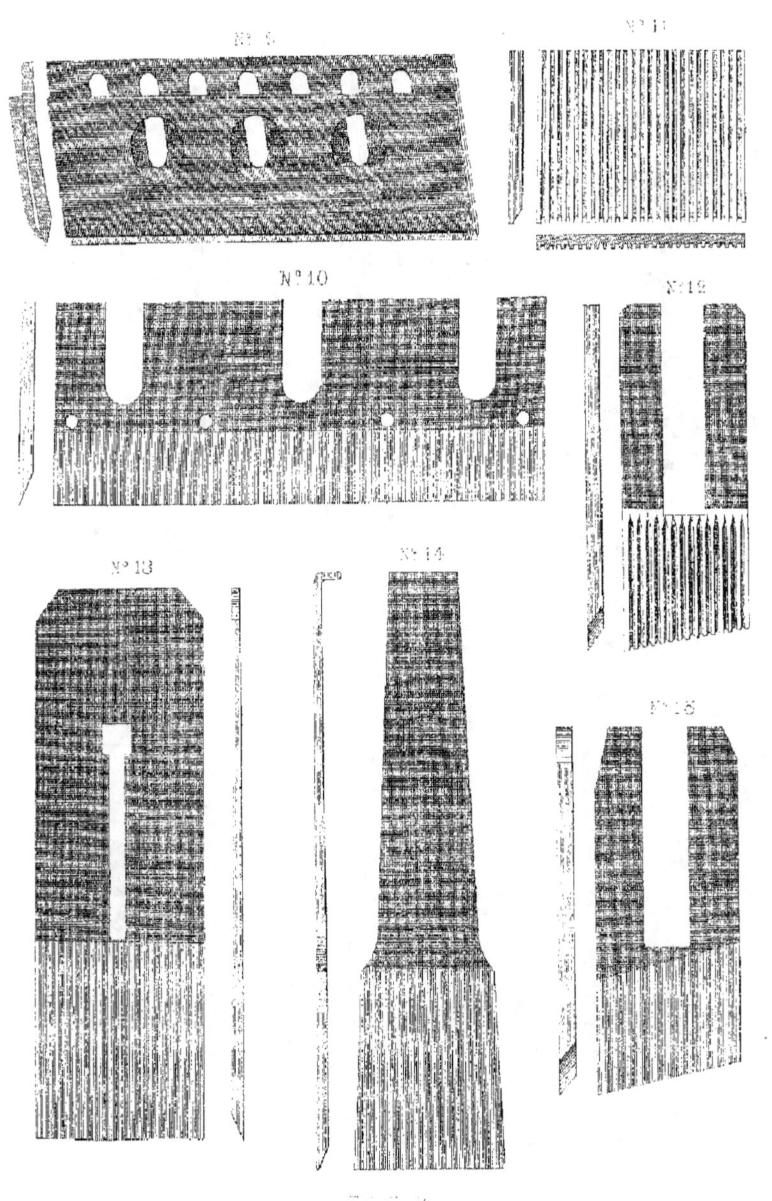

LES FILS DE PEUGEOT FRÈRES

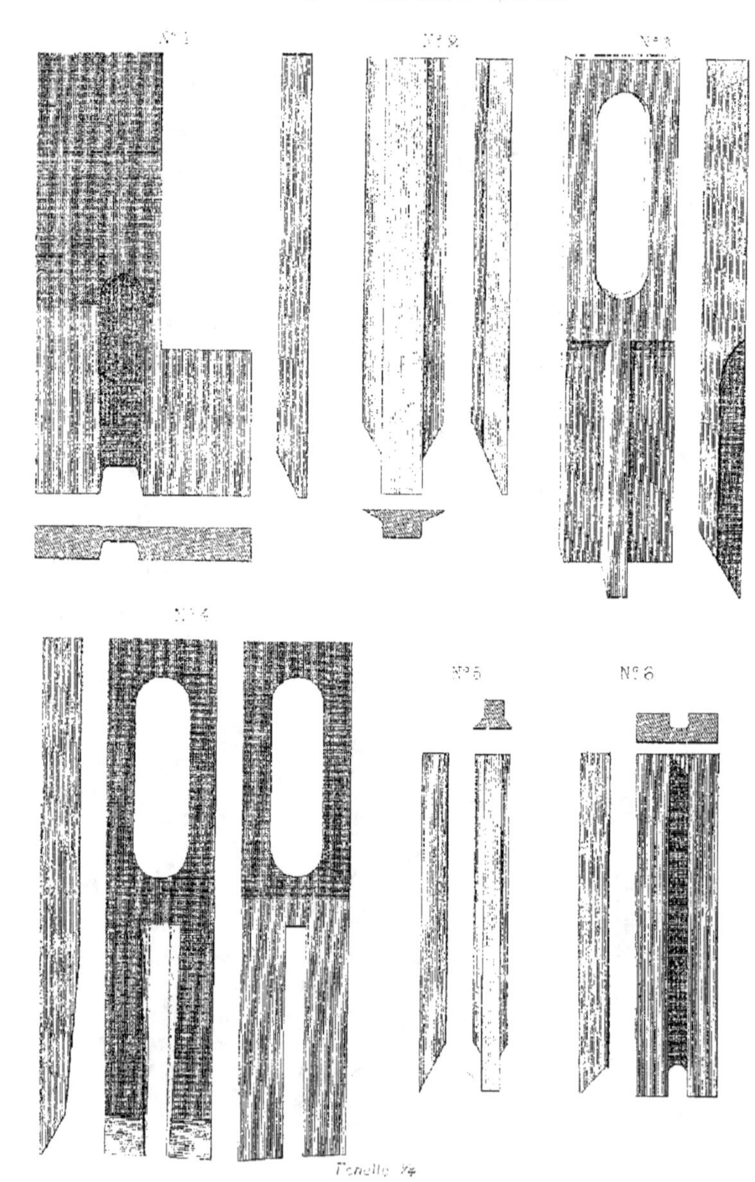

Voir Tarif P. 37

LES FILS DE PEUGEOT FRÈRES

FERS

de moulures et lames diverses pour machines

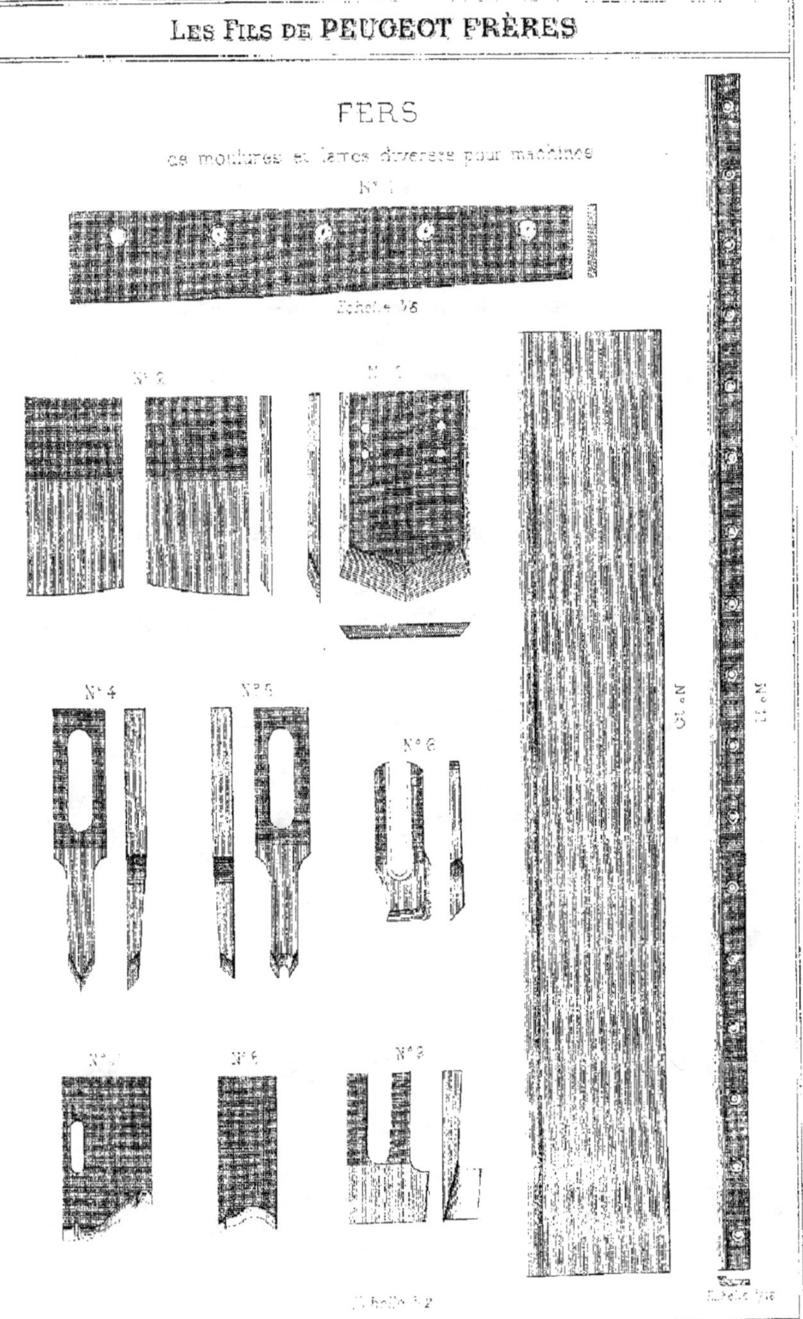

Voir Tarif P. 37.

LES FILS DE PEUGEOT FRÈRES

FORETS A HÉLICE.
Nº 1086

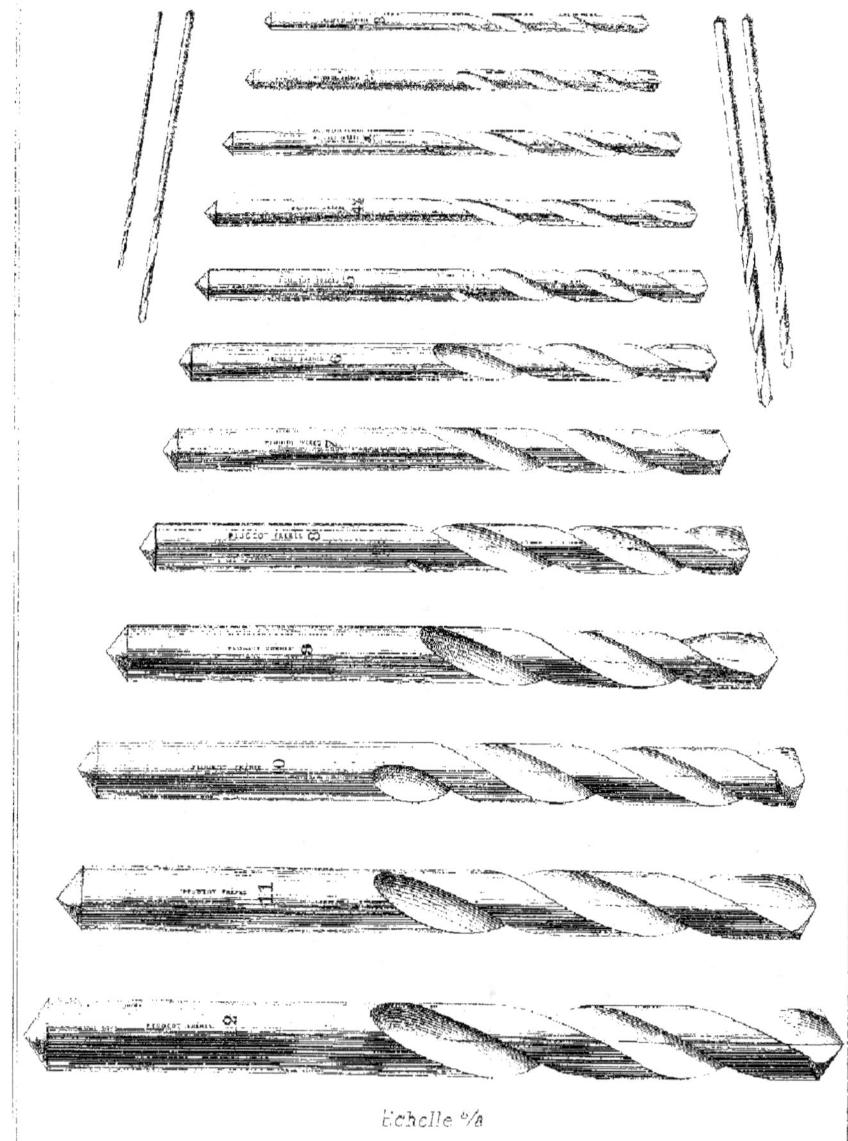

Echelle ⅔

Voir tarif P. 44

MOULINS
A CAFÉ, A POIVRE &.ª

CONCASSEURS POUR GRAINES

OBSERVATION

Le tableau ci-contre détermine les dimensions exactes de nos divers modèles de moulins en bois et en tôle.

Pour tout ce qui concerne les grands moulins et concasseurs nous prions nos commettants de consulter notre tarif (P. 40 à 42) ils y trouve--ront tous les renseignements relatifs aux prix.

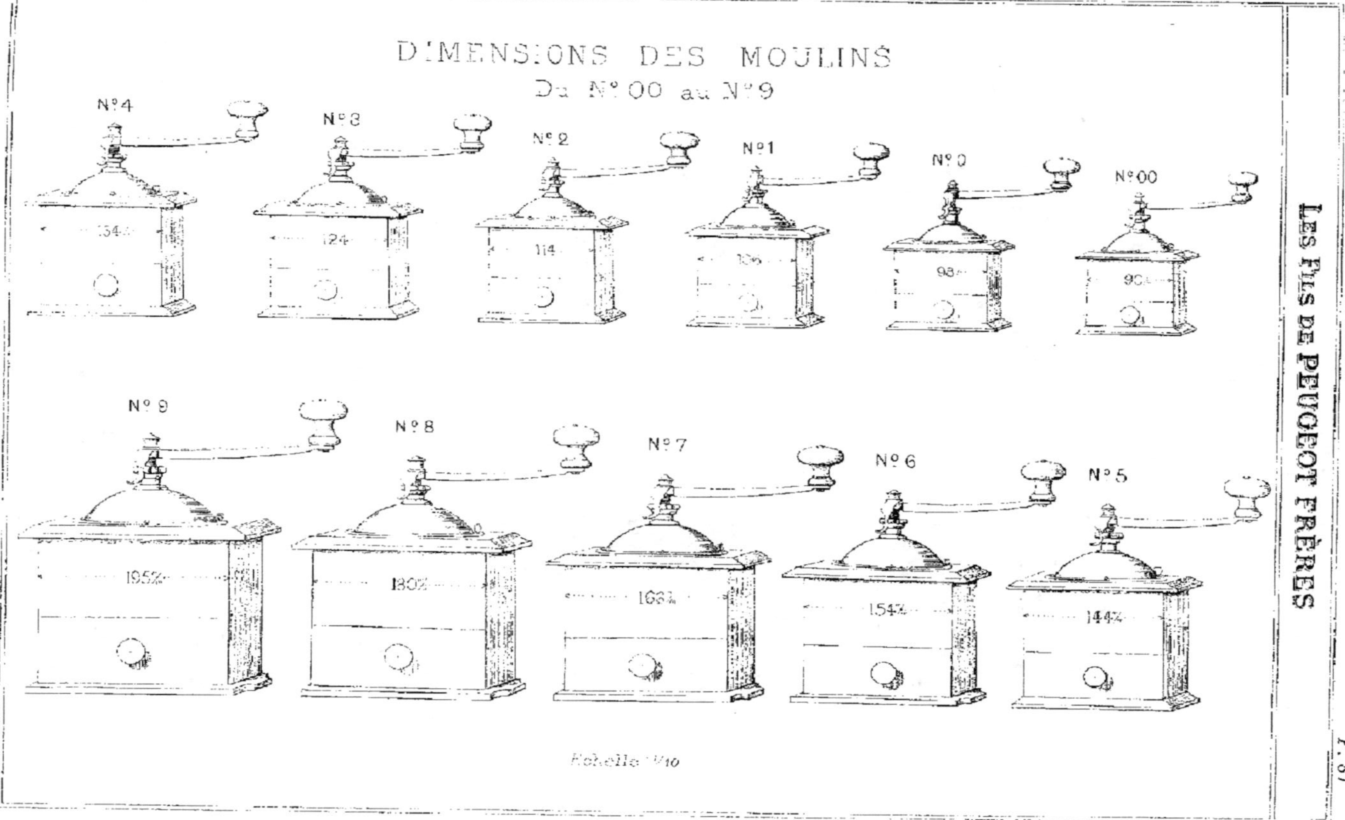

DIMENSIONS DES MOULINS
Du N°00 au N°9
N°4
N°3
N°2
N°1
N°0
N°00
134
124
114
106
98
90
N°9
N°8
N°7
N°6
N°5
195
180
166
154
144
Echelle 1/10
LES FILS DE PEUGEOT FRÈRES
P. 81
Imp Girard & Fils Paris

LES FILS DE **PEUGEOT FRÈRES**

MOULINS EN BOIS

Modèle R, cadette bronzée,
bois coloré.

Modèle S, Capote laiton,
bois verni.

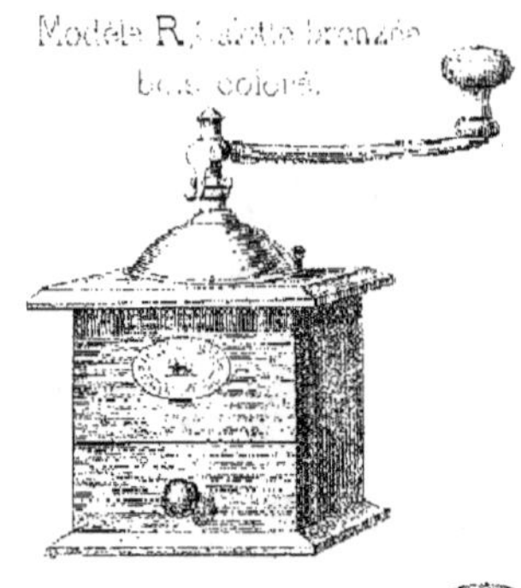

Modèle T, bois poli à support.

Modèle O, frette extérieure
en laiton, bois verni.

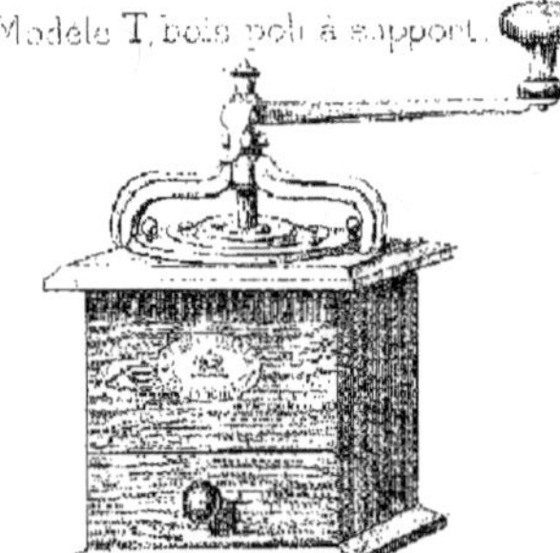

Moulins pour poivre ou pour enfants
Modèle Z, en bois
à partout.

Modèle U
ordinaire

Modèle V
fer.

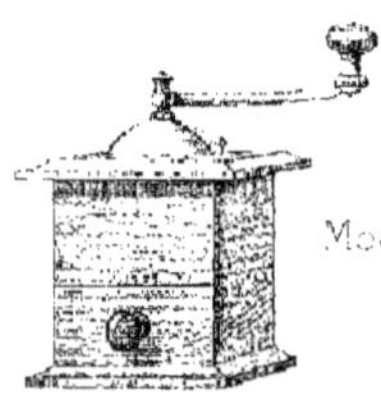

Moulins poivrières pour table

Modèle Z, en bois.

Modèle Z, en metal argenté,
uni

Modèle Z, en metal argenté,
guilloché

Echelle 1/2

Voir Tarif P. 38 & 39

Imp Girard & Fils Paris

LES FILS DE PEUGEOT FRÈRES

MOULINS EN TÔLE

Modèle K Calotte bronzée
boîte vernie

Modèle L Calotte laiton
boîte vernie

Modèle M Calotte bronzée
façon chêne

Modèle N Calotte laiton
façon noyer

Modèle G boîte tôle, façon chêne fermant à bayonnette
planche mobile

Modèle H p' voyage ou de soldat
boîte en fer blanc

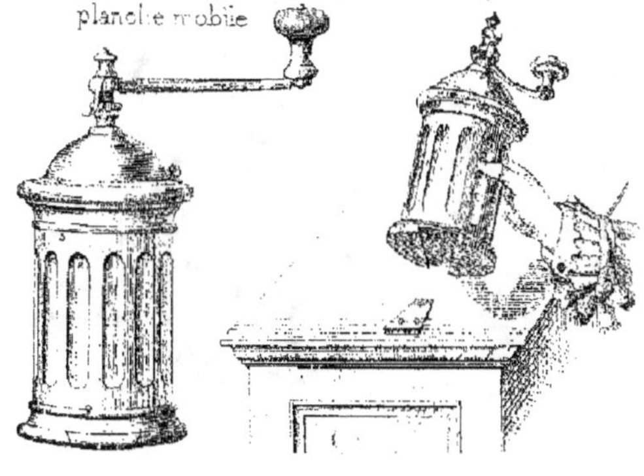

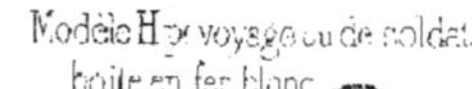

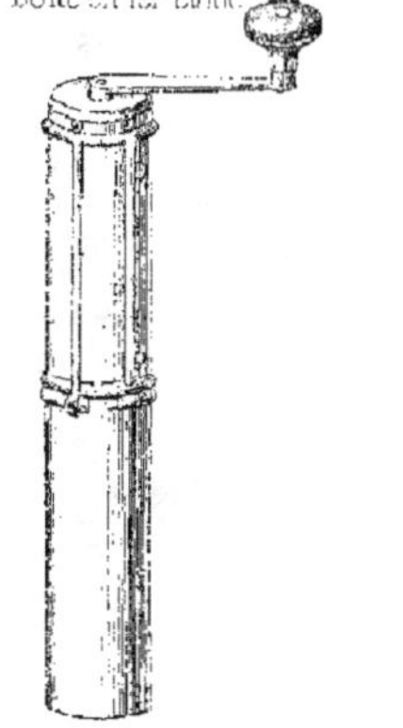

Echelle ⅓

Voir Tarif P 38 & 39

Imp Girard & Fils, Paris

LES FILS DE PEUGEOT FRÈRES

MOULINS A ENGRENAGES

Modèle FT N°2 bois verni

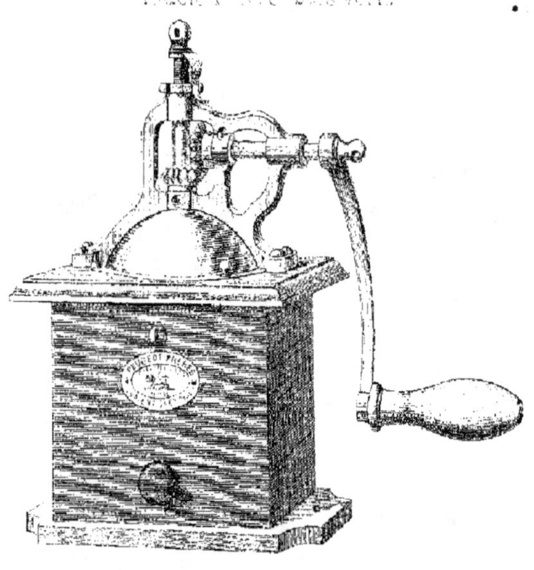

Modèle FM & FN N°1
boite tête faceté bois

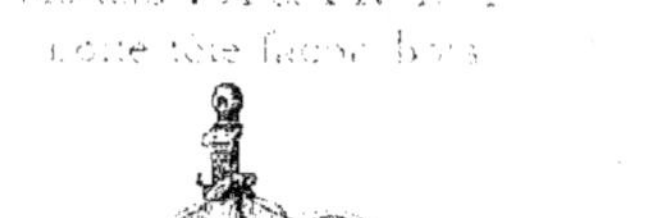

Modèle FT N°1
noyer verni

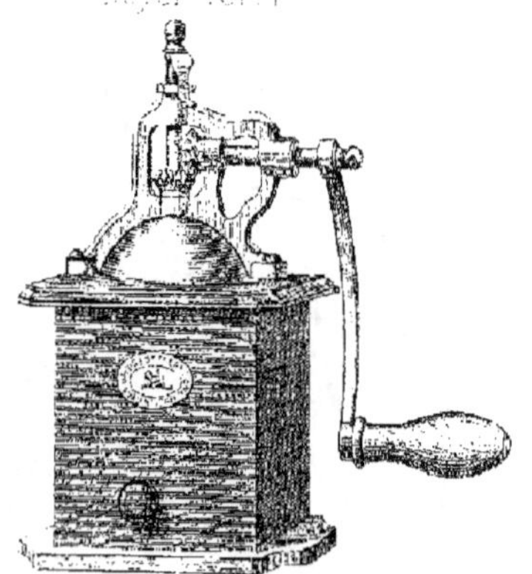

Echelle ⅓

Voir Tarif P 39

Imp Girard & Fils Paris

LES FILS DE PEUGEOT FRÈRES

MOULINS À ENGRENAGES

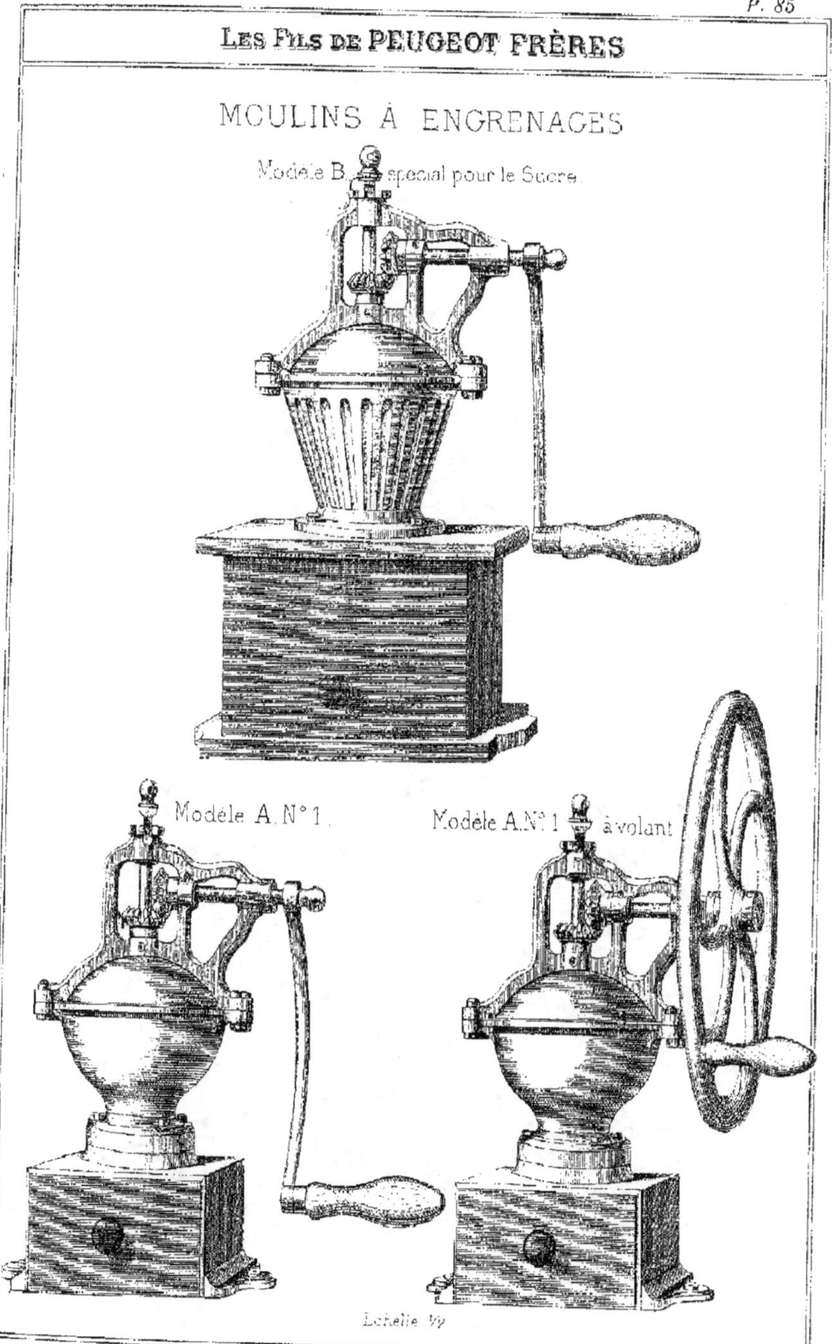

Voir Tarif P. 40

LES FILS DE PEUGEOT FRÈRES

MOULINS EN FONTE

Avec broyeur en acier noix et cuvette en acier

Modèle C N° 3 sans volant.

Modèle C N° 4 avec volant.

Echelle 1/7

Voir Tarif P. 40

LES FILS DE PEUGEOT FRÈRES

MOULINS EN FONTE

Avec trémie en laiton noir et cuvette en acier

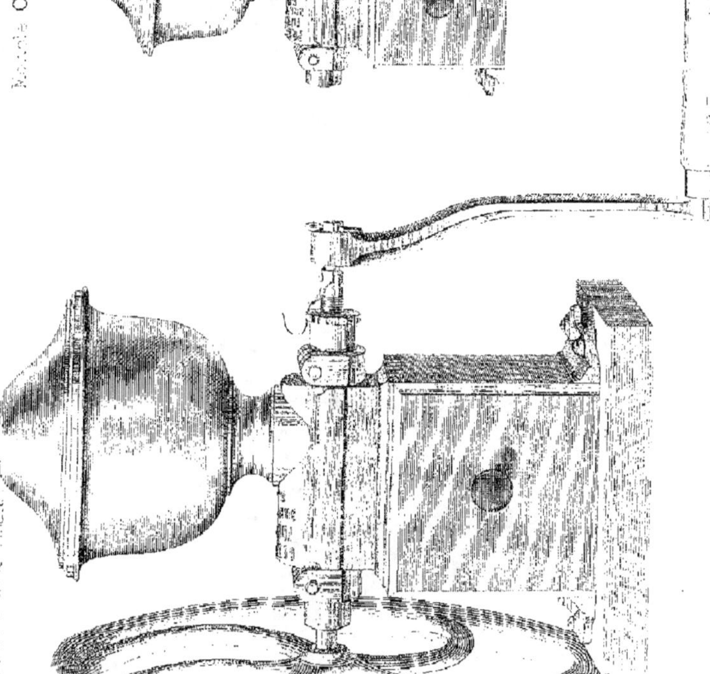

Imp. Gérard & Fils Paris

LES FILS DE **PEUGEOT FRÈRES**

MOULINS EN FONTE
Avec trémie émaillée noix et cuvette en acier

Modèle D. Nº 1 sans volant

Modèle D. Nº 1 avec volant

Échelle ½

Voir Tarif P. 40

LES FILS DE PEUGEOT FRÈRES

MOULINS EN FONTE

Avec trémie en laiton, noix et cuvette en acier

Modèle D N° 1 sans volant.

Modèle D N° 1 avec volant.

Échelle 1/7

Voir Tarif P. 40

LES FILS DE PEUGEOT FRÈRES

MOULINS EN FONTE
pour parois verticales

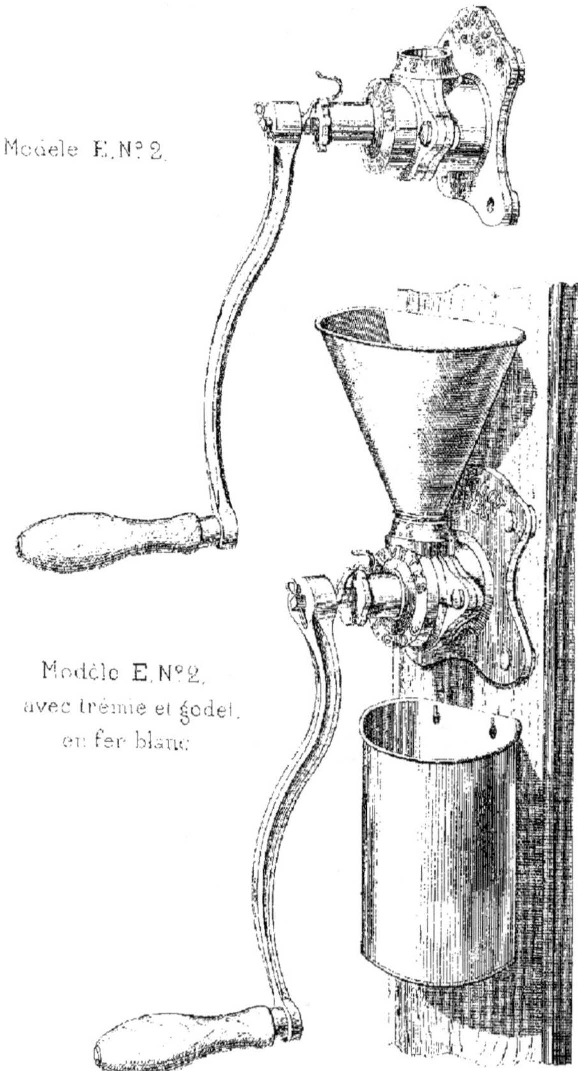

Imp. Girard & Fils, Paris

LES FILS DE PEUGEOT FRÈRES

MOULINS EN FONTE

Avec trémie en laiton
noix et cuvette en acier.

Modèle C. N° 5
sur pieds en fonte.

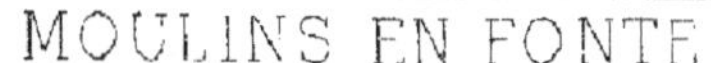

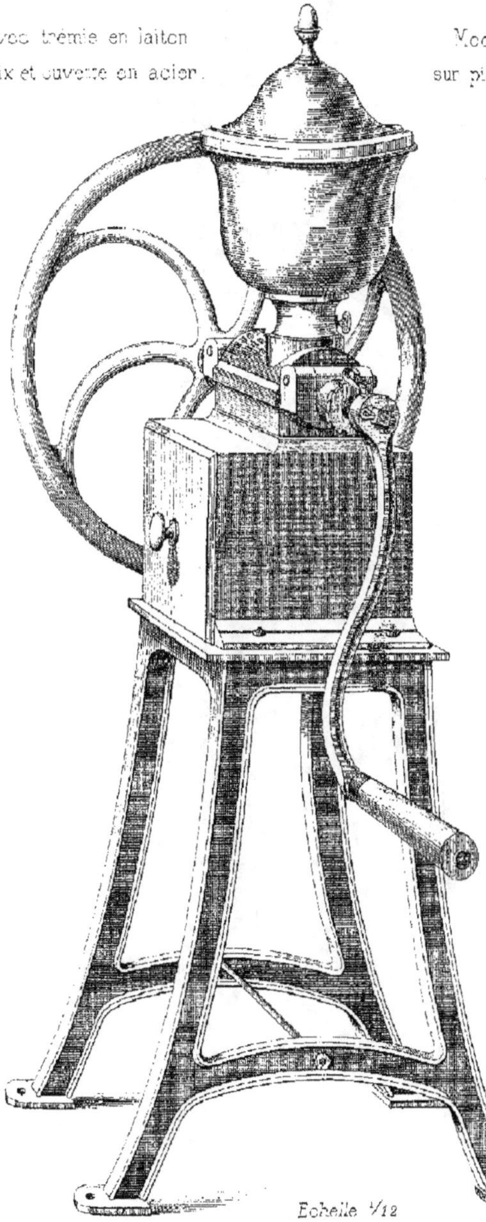

Echelle 1/12

Imp. Girard & fils, Paris

Voir Tarif P. 40

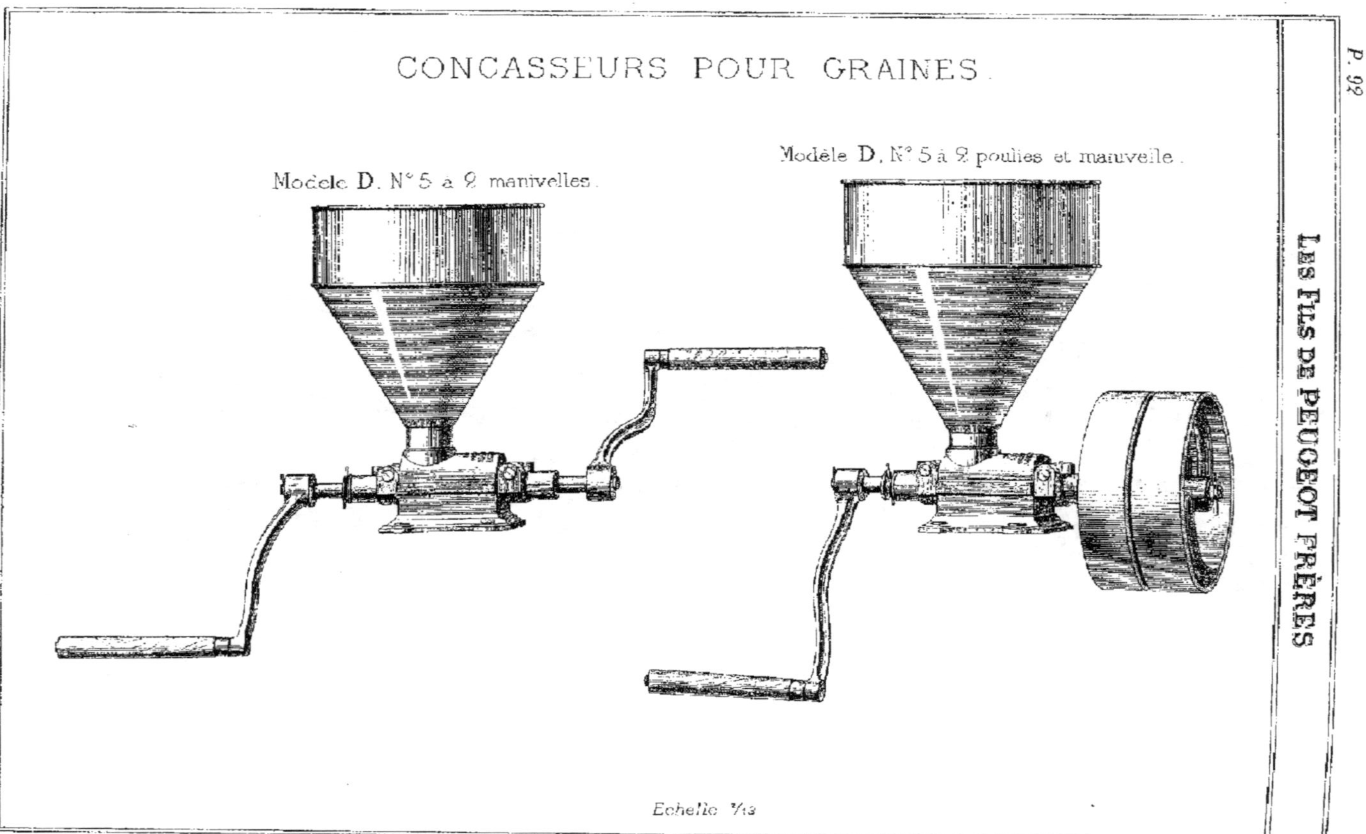

Voir Tarif P. 41.

LES FILS DE PEUGEOT FRÈRES

CONCASSEURS

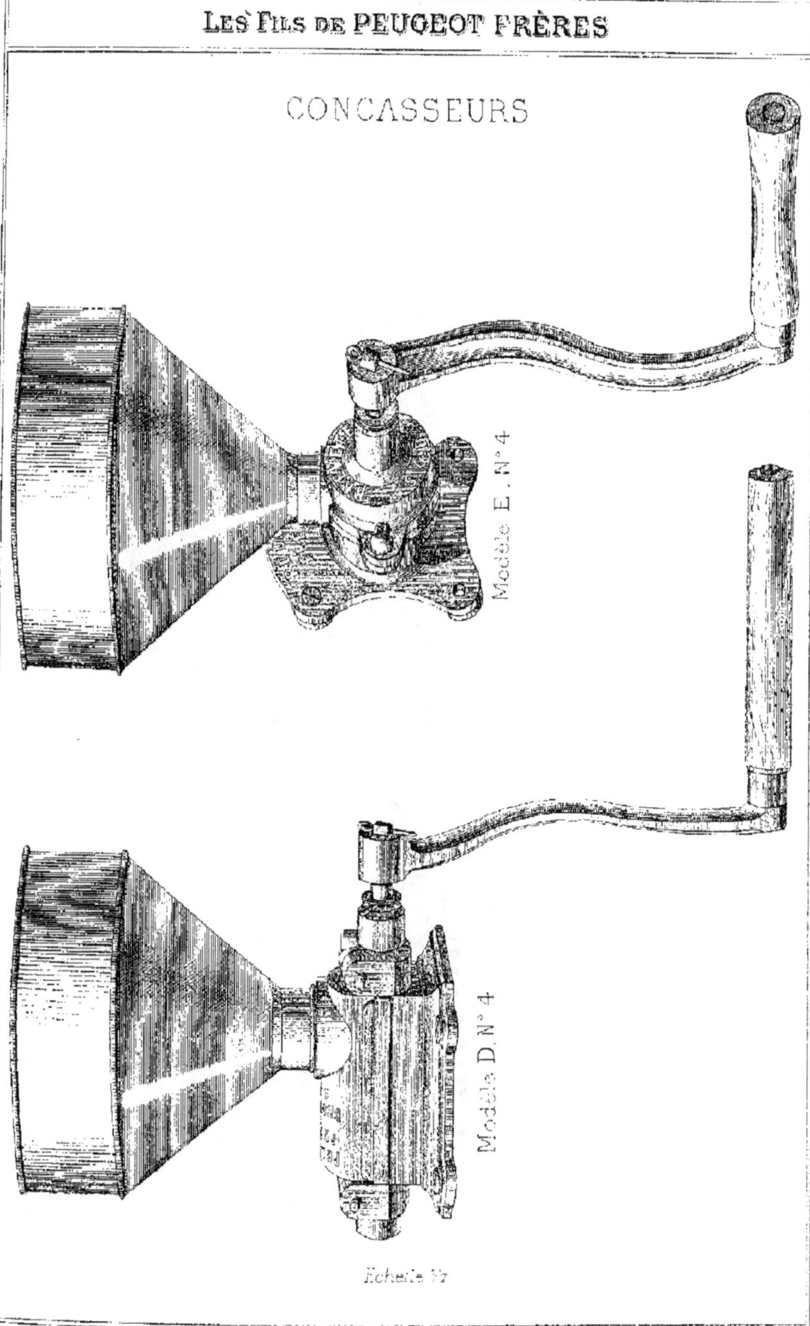

Voir Tarif P. 41

LES FILS DE PEUGEOT FRÈRES

CONCASSEUR

Modèle D, N° 8, à 2 poulies et sur pieds en fonte.

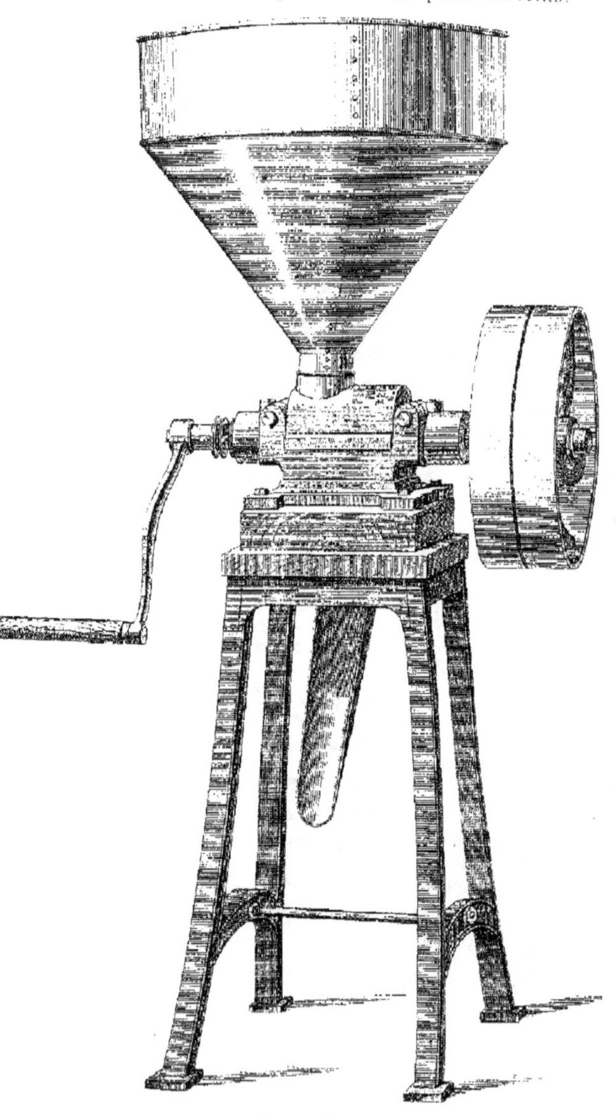

Echelle 1/13

Voir Tarif P. 41

LES FILS DE PEUGEOT FRÈRES

N° 1087. ÉTAU A MAIN & A AGRAFES, A TRINGLE.

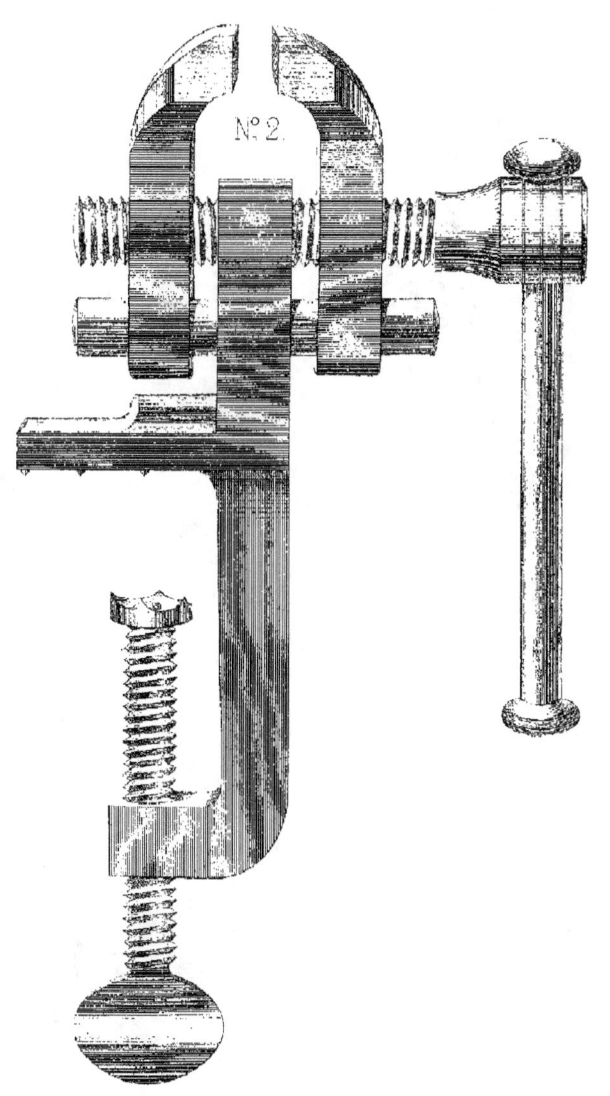

LES FILS DE PEUGEOT FRÈRES

ARTICLES DIVERS.
Nouveaux.

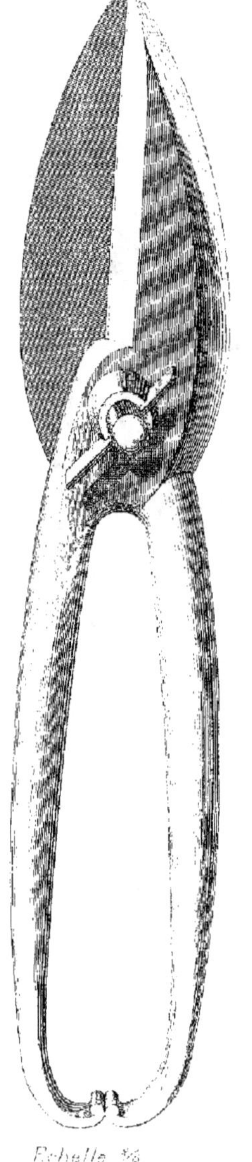

N° 1088. Cisaille de Ferblantier façon Vienne

Echelle 3/5

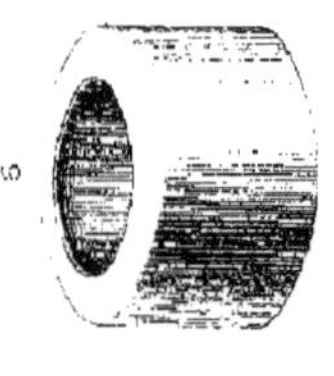

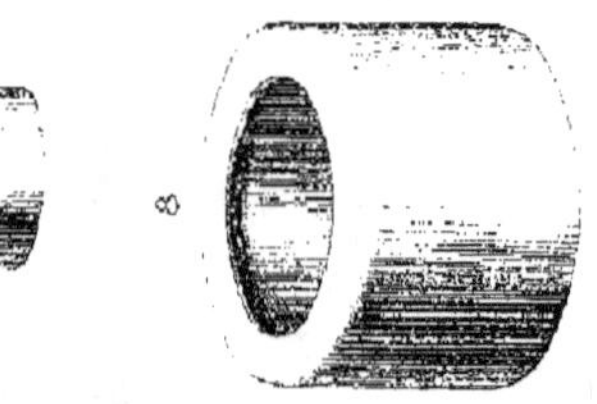

N° 1089 Viroles.

Echelle 5/8

Imp Girard & Fils Paris

SUPPLÉMENT GÉNÉRAL

à

L'ALBUM

PEUGEOT FRÈRES

LES FILS DE PEUGEOT FRÈRES

SUCCESSEURS

LES FILS DE PEUGEOT FRÈRES

MOULINS EN FONTE
pour parois verticales

Modèle F avec trémie fonte émaillée écdel fer blanc

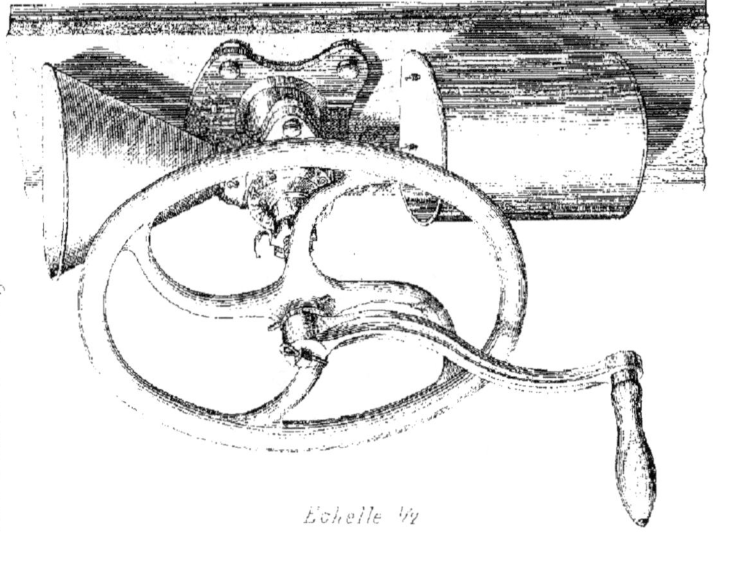

Modèle L avec trémie et godet en fer blanc et volant

Échelle ½

Imp. Girard & Fils Paris

MOULINS DIVERS

Modèle Belge ... extra ... soutien ...

Modèle Belge ... extra ... luxe ...

Modèle G, de Voyage
à manivelle mobile

Moulin pour poivre
Modèle V.O. ...

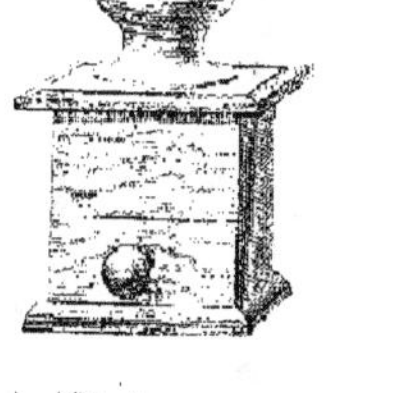

Échelle 1/2

Moulins poivrières pour table
Modèle ...

en bois

en métal à tête nickelée

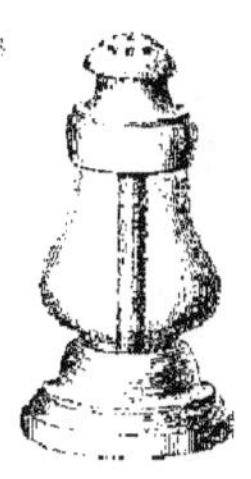

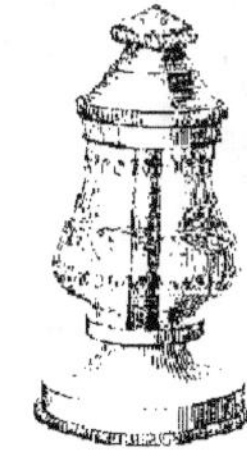

Imp Girard & Fils Paris

TENAILLES

Nº 1090 Trinoise

Nº 1091
pour Treillageur
au Lion

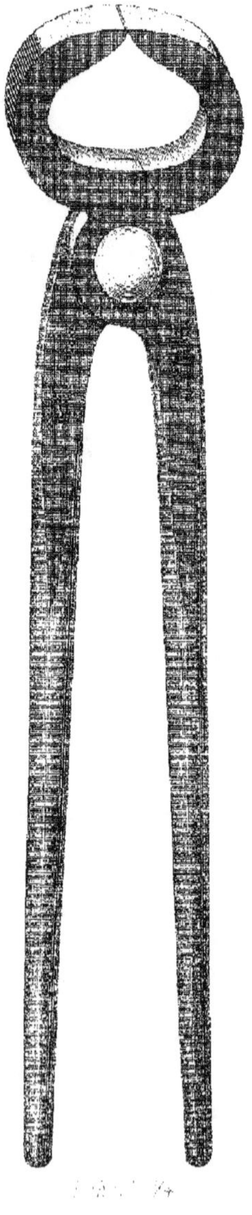

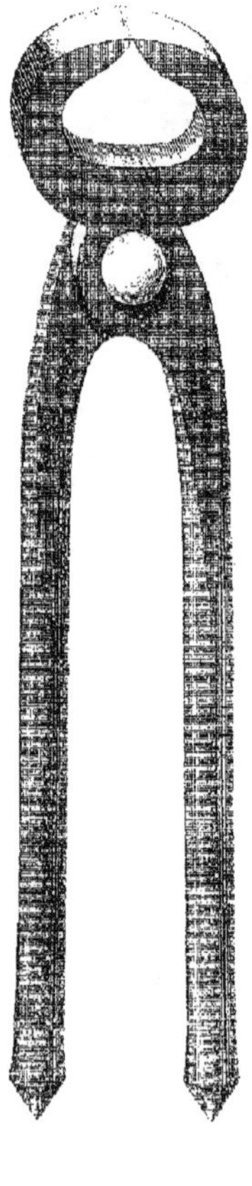

Nº 1092
½ fine
au Creusot

Voir Tarif P. 49

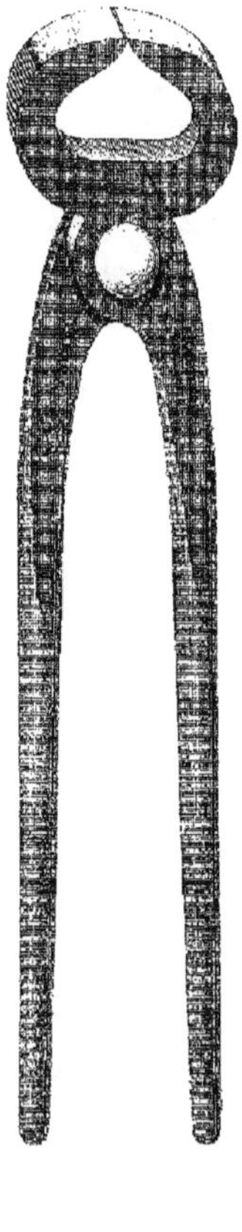

LES FILS DE PEUGEOT FRÈRES

COMPAS DROITS

N° 1094
Compas intérieur

N° 1093
Compas à tiges rondes
acier

N° 1095
Compas à tiges rondes
acier

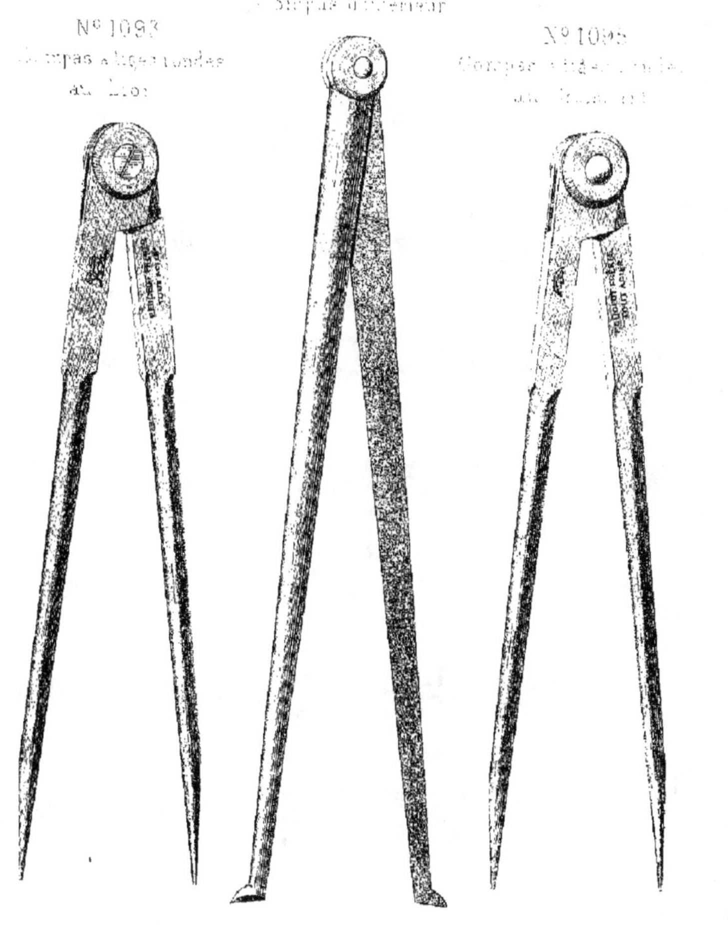

Échelle ¼

Voir Tarif P. 43

LIMES

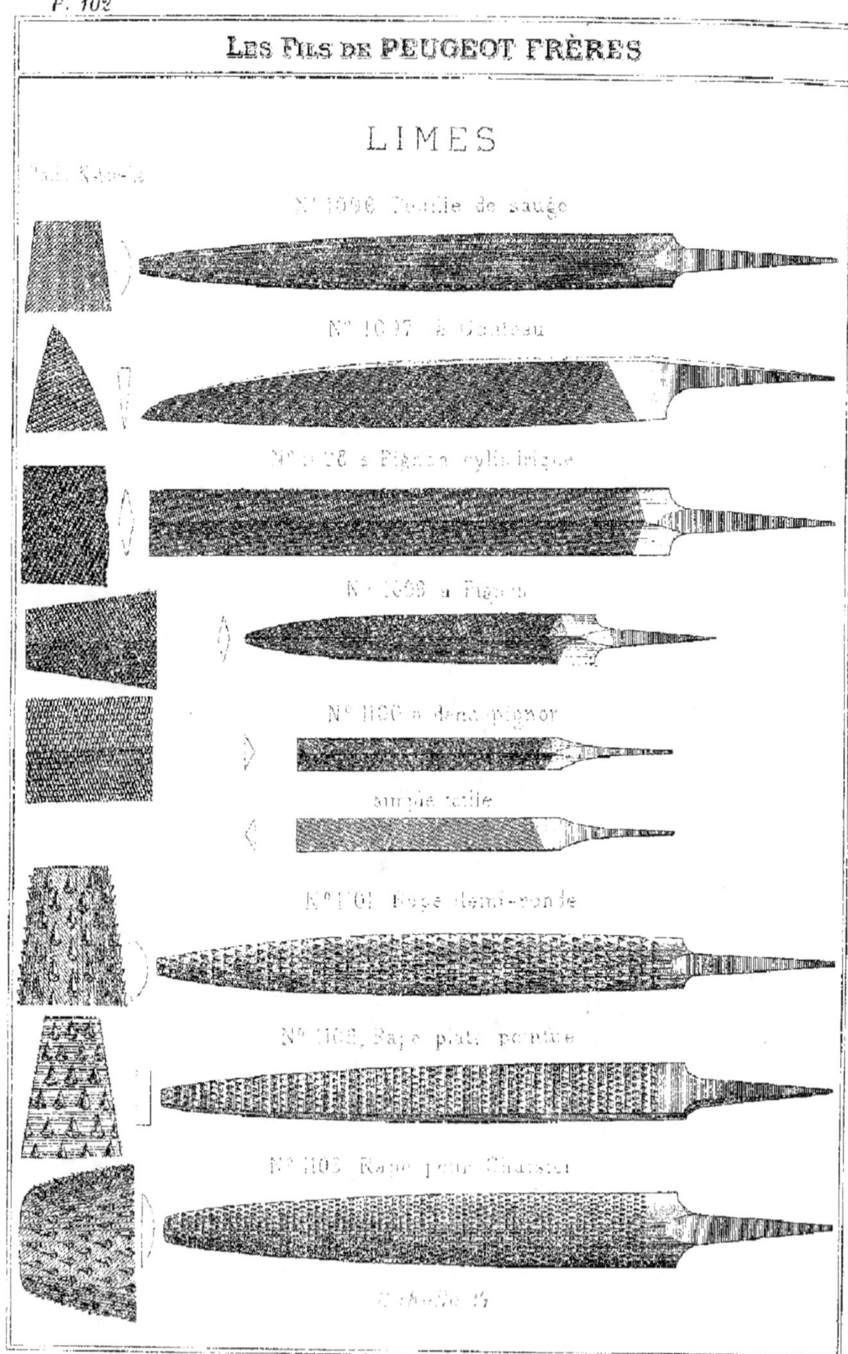

Nᵒ 1096 Feuille de sauge
Nᵒ 1097 à Couteau
Nᵒ 1098 à Pignon cylindrique
Nᵒ 1099 à Pignon
Nᵒ 1100 à demi-pignon
simple taille
Nᵒ 1101 Rape demi-ronde
Nᵒ 1102 Rape plate pointue
Nᵒ 1103 Rape pour Chasseur

LES FILS DE PEUGEOT FRÈRES

LIMES

Taille Naturelle

Nº 1104 Plate Pointue

Nº 1105. Lime demi-ronde

Nº 1106. Ronde

Nº 1107 Carrée

Nº 1108 2ᵐᵉ Scies chaperonnées

Nº 1109 Plate à main

Nº 1110 P^te Limes à Fau

Nº 1111 Lime à églisir

Nº 1112 à guillocher

Imp Girard & Fils Paris

LES FILS DE PEUGEOT FRÈRES

LIMES

Taille Naturelle

Nº 1113. Tiers-point simple taille

Nº 1114. Tiers-point façon Anglaise

Nº 1115. Tiers-point double taille

Nº 1116. Tiers-point cylindrique

Nº 1117. Ovale

Nº 1118. Ovale d'outre-taille

Nº 1119. Barbotte sans palette

Nº 1120. Barbotte à palette

Nº 1121. Tiers-point queue sans fin, une ronde

Voir Tarif. P. 47 & 48

LES FILS DE PEUGEOT FRÈRES

ARMOIRES & BOITES À OUTILS

N° 1122

Modèle A. — Assortiment complet de 50 outils pour tous usages

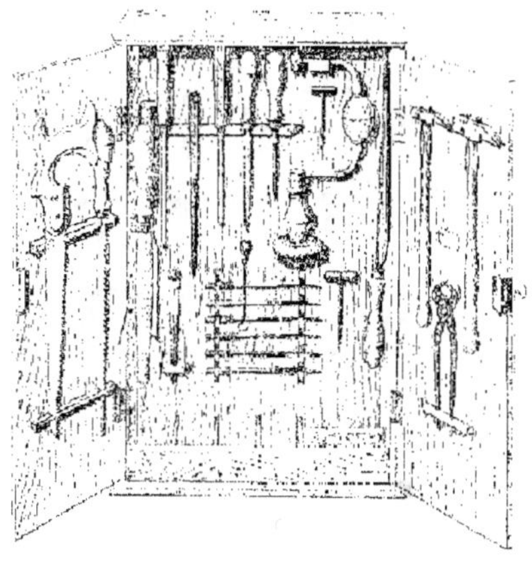

N° 1123

Modèle B. — Boite avec outils pour tous usages

N° 1124
Boite à Outils
Modèle D.

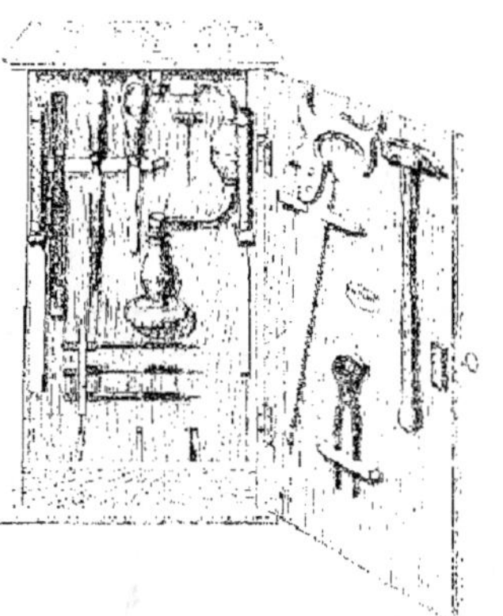

N° 1125
Boite à Outils
Modèle C.

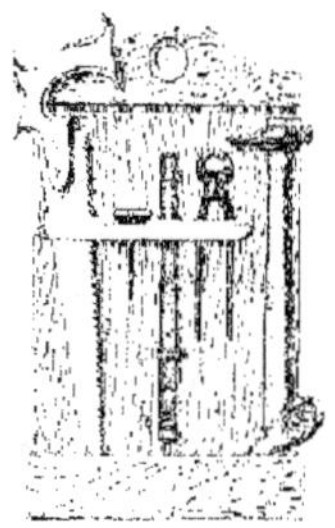

Imp. Girard & Cie, Paris

LES FILS DE PEUGEOT FRÈRES

ARTICLES DIVERS

Moulins poivrières pour table
Modèle cristal
tête mobile

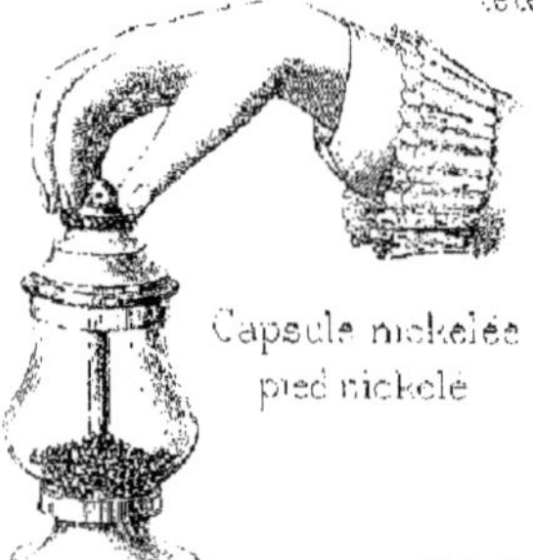

Capsule nickelée
pied nickelé

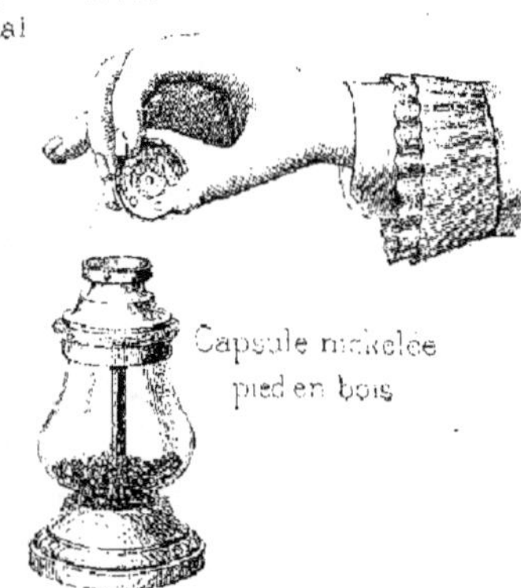

Capsule nickelée
pied en bois

Echelle ½

Nº 1126. Vilebrequin à engrenages verni
au Croissant, breveté s.g.d.g.
modèle déposé

Nº 1127. Vilebrequin à engrenages poli
au Lion, breveté s.g.d.g.
modèle déposé.

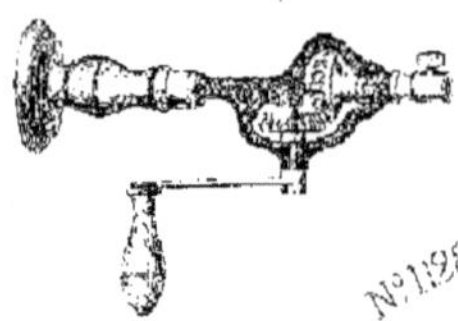

Echelle ½₂

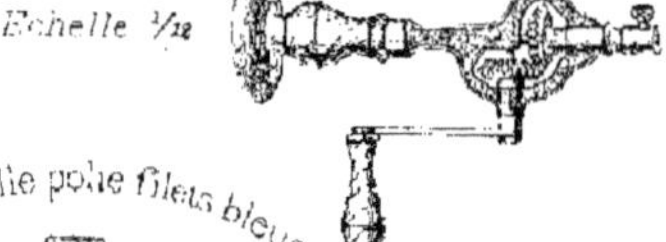

Nº 1128. Vrille polie filets bleus

Nº 1129. Clef à écrous à
marteau tournevis, polie
pour machines à coudre
et véloc.pèdes.

Nº 1130. Boutoir de
maréchaux ferrants

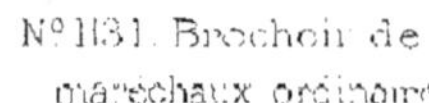

Nº 1131. Brochoir de
maréchaux ordinaire

Nº 1132. Mailloche pied de
biche pour maréchaux

Echelle ½₂

LES FILS DE PEUGEOT FRÈRES

FOURCHES FRANÇAISES

Imp Girard & Fils Paris

LES FILS DE **PEUGEOT FRÈRES**

L'ORDONNANCE

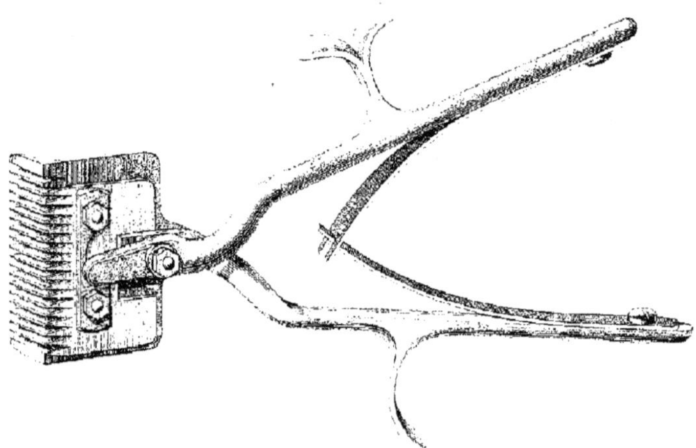

TOILETTE

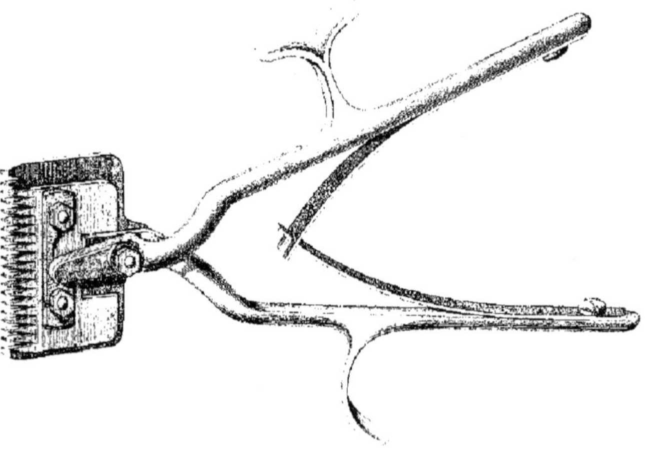

Imp Girard & Fils Paris

LES FILS DE PEUGEOT FRÈRES

MOULINS EN FONTE (Brevetés S G D G)
Pour Pharmaciens & Droguistes

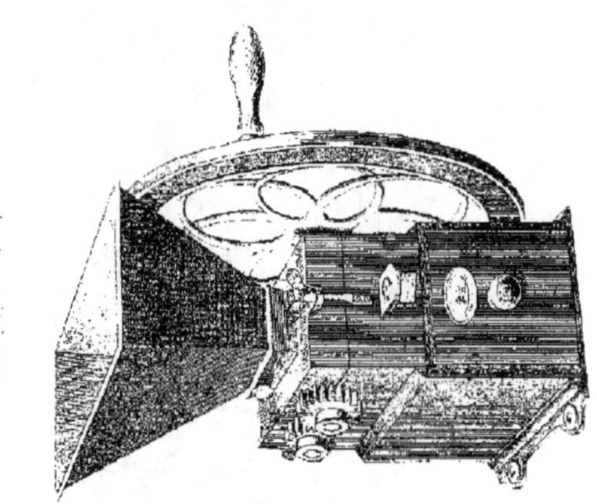

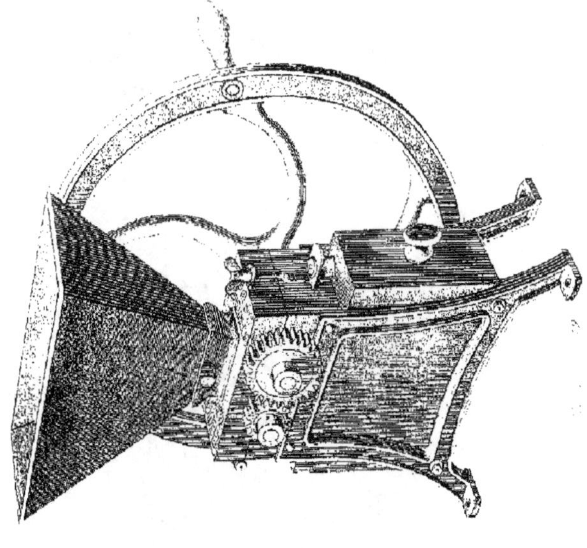

Moulins à cylindres cornées ou autre bois Vernis gris filets argent
avec trémie en tôle et volant

Imp Girard & fils Paris

LES FILS DE PEUGEOT FRÈRES

ARMOIRES A OUTILS EN VIEUX CHÊNE
Nº 1139
Modèle CL Assortiment complet d'outils pour amateurs

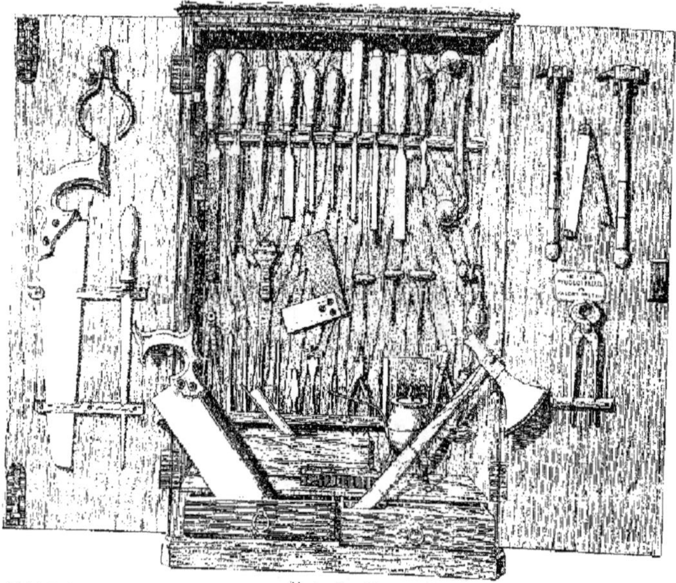

Échelle 1/13

Nº 1140, 1141
Compas à Ressort
Droits & d'Épaisseur

Jeux d'outils de Jardinage
pour Enfants

MOULIN EN FONTE
Spécial pour Comptoir

Modèle A — Teinté émaillée
à deux volants et à colonne

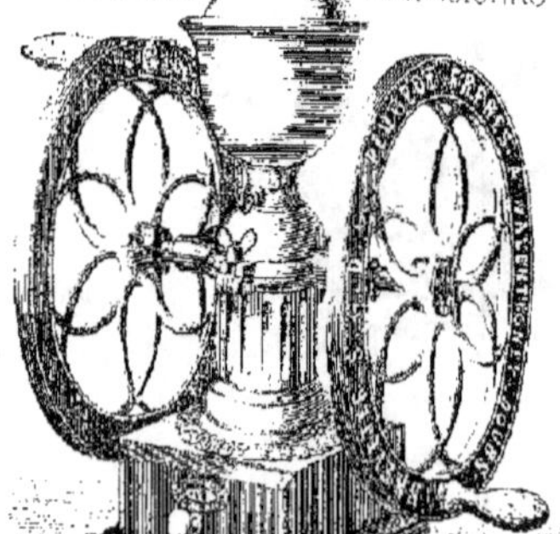

Échelle 1/12

Imp. Girard & Fils, Paris

LES FILS DE PEUGEOT FRÈRES

ARTICLES DIVERS

Nº 1142. Pince coupante devant

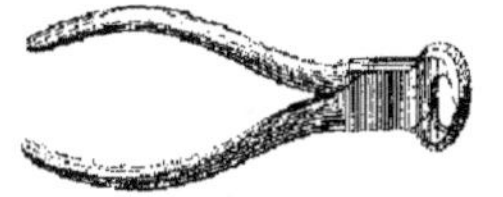

Nº 1143. Pince coupante de côté

Nº 1144. Pince Plate

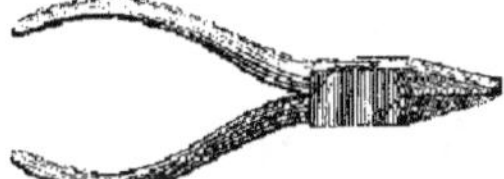

Nº 1145. Pince Ronde

Nº 1148. Truelle Berthelé

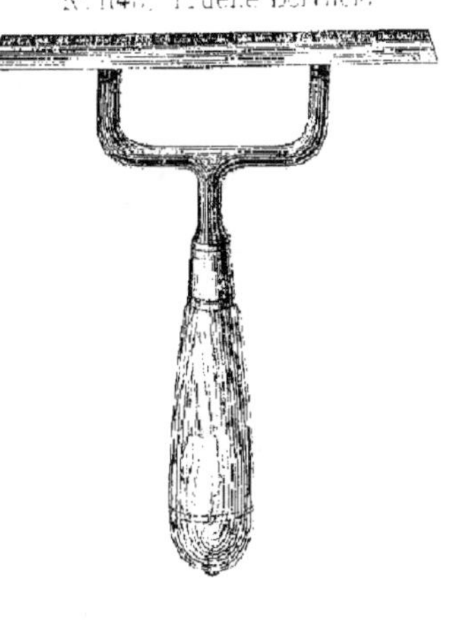

Nº 1146. Ferme-porte avec tringle à Crochet, Nº 1

Nº 1147. Ferme-porte avec tringle à Charnière Nº 0

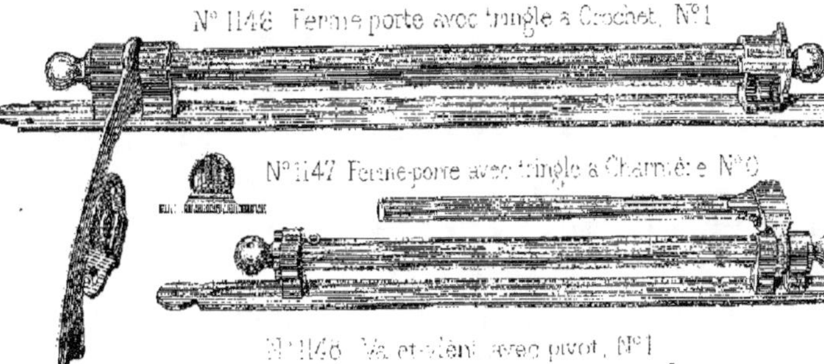

Nº 1149. Va-et-vient avec pivot, Nº 1

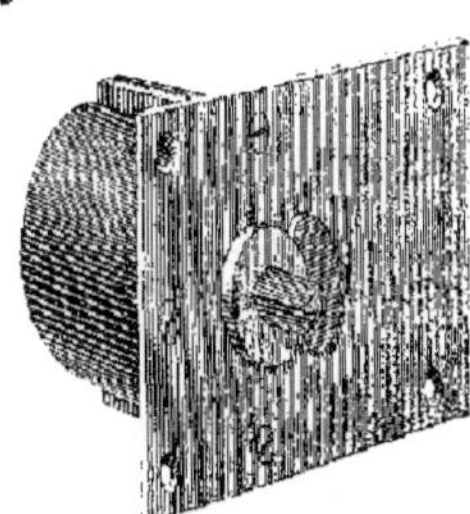

Échelle ½

LES FILS DE PEUGEOT FRÈRES

Voir Tarif P.

LES FILS DE PEUGEOT FRÈRES

LES FILS DE PEUGEOT FRÈRES

LES FILS DE PEUGEOT FRÈRES

LES FILS DE PEUGEOT FRÈRES

LES FILS DE PEUGEOT FRÈRES

Voir Tarif D.

Imp. Guérel & Fils Paris

LES FILS DE PEUGEOT FRÈRES

Voir Tarif P.

LES FILS DE PEUGEOT FRÈRES

LES FILS DE PEUGEOT FRÈRES

Imp Girard & Fils Paris

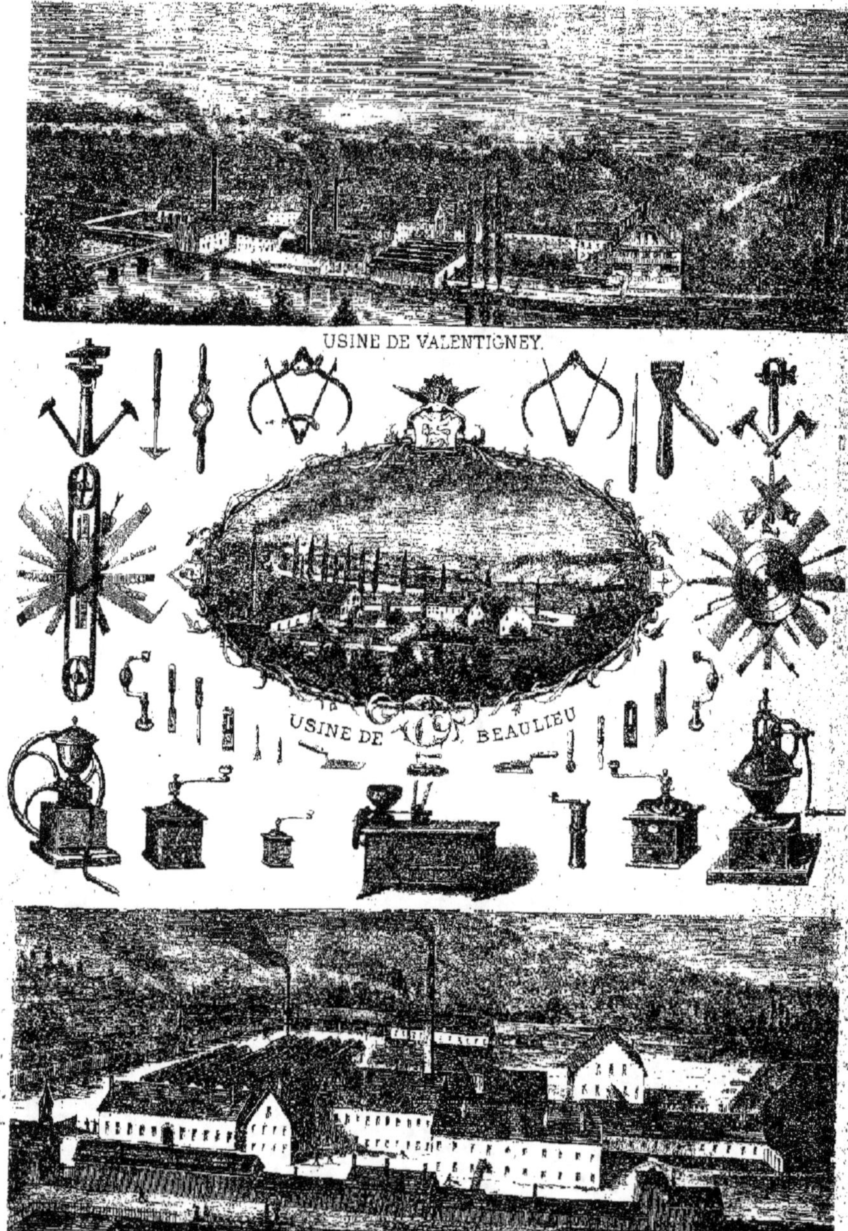

USINE DE VALENTIGNEY.
USINE DE BEAULIEU
USINE DE TERRE BLANCHE.